歷史
1+1

王日根 著

光緒皇帝 VS 明治天皇

目錄

導言　捲入近代化漩流中的東亞

在中、日兩國近代化的旅程中，光緒皇帝和明治天皇無疑都處在各自歷史的轉捩點上。明治天皇即位是在1868年他16歲的時候，此時日本國內已經湧動着變革幕府體制、加快社會發展、抵制列強侵略的時代浪潮，明治天皇成為當時下層武士們為代表的變革現實力量樹立的旗幟，並且在武士們的精心塑造下成為具有強烈武士道精神的新型天皇。他順理成章地走到了改革的最前沿，成為日本近代化改革的領航人物。在他的時代，日本在政治上建立起了近代資產階級君主立憲體制，憲法進一步強化了天皇在日本政治上的至尊地位，進一步實現了中央集權；在經濟上建立起了完整的資本主義工業體系，不僅在軍事工業方面，而且在民用工業方面都取得了巨大的發展；在文化上實現了"脫亞入歐"的根本轉變，日本人從髮型、衣着乃至娛樂等各個方面都力求全面追隨西方。於是日本在短短的幾十年中躋身資本主義列強，並把擴張的矛頭首先指向鄰近的中華帝國。從甲午戰爭中，它嚐到了近代化發展的巨大甜頭，更進一步增強了自我發展的實力。隨後它又在對抗列強中的強國俄國的戰爭中贏得勝利。明治天皇成為日本近代史上首屈一指的民族英雄。

光緒皇帝即位的時候是1875年，當時他年僅四歲。雖然他即位的上一年，日本明治維新已開始了七年，日本也已經嘗試過侵略臺灣，甚至把下一步的侵略重點轉向大陸，但這對於四歲的光緒而言，顯然是不會入之於心的，事實上這時他也不用操這份心，慈禧本就不希望他是會操這份心的人。他的皇位是慈禧給的，慈禧之所以把皇位給他，正是因了他的年幼，慈禧操持着垂簾之權由此就變成名正言順。在光緒即位40多年前，中國這個天朝大國就敗在了堪稱資本主義樣板國英國的小部海軍之下，在其後朝野的反省中，許多有識之士也提出過各種變革現實、改變捱打局面的方略，有些還付諸實施，譬如我們開展了洋務運動，創辦了一些近代企業，建造了北洋水師。我們也反復派員出國遊歷，向西方國家取經，甚至派遣留學生……然而我們的思想深處卻長久地對傳統政治體制、傳統文化成就抱着固有的愛戀，在危機切近時，想通過權宜之計躲過危機，在危機暫時消退時卻又依舊沉迷、依舊安詳。鴉片戰爭剛剛結束時，道光皇帝鑒於西洋火器精良，曾諭令沿海督撫購置洋械，以備不測，還對戰爭期間捐資仿造戰艦、水雷的廣東紳商潘仕成等人給予獎賞。但隨着戰爭硝煙的散去，道光帝就變得趨於保守起來，他的政策中竟又出現了"不得僱用夷人製造或購買輪船"的內容。對於統治階級的這種麻木愚鈍、苟且偷安的醜態，一些有識之士予以了猛烈的抨擊，並提出了應對之策。在他們看來，只要將西方列強的軍事"長技"學到手，中國的國恥就可以一夜之間得到昭雪。在這種思想指導下，清政府的"自強"、"求富"長期以來都只能停留在一時的情緒衝動上。他們沒能全面地反思自己的處境和以後的走向。

光緒長期生活在封閉的宮廷中，他對外部世界的了解是通過與帝師翁同龢及其後康有為等少數讀書人的接觸實現的，光緒也被他們塑造成了一個書生。慈禧的大權獨攬讓人們形成了光緒無足輕重的印象：慈禧在世一日，光緒就一日不能自主。但是光緒畢竟是奔湧着熱血的七尺男兒，光緒畢竟是位尊九五的一代帝王，他在讀家族史中認識了開疆拓土的康熙和建立十全武功的乾隆，他也在思索現實的各種紛象中形成了建立勳業的急切願望，他用歷代成規迫使慈禧歸政，他又以不斷地推出新的舉措來急切地證明自己的不俗。然而光緒畢竟不夠成熟，也不夠穩健，他的行為中透顯出衝動與鹵莽，他的意志中又缺乏堅韌與耐力，他錯過了一次次展示業績的機會，連他身邊的人也越來越與他疏離，以至變成了孤家寡人。光緒泣血瀛臺，是個人悲劇，抑或是民族的悲劇？

從今日看來，近代化是任何民族、任何國家都無法迴避的一個歷史發展階段，日本民族在經歷了與中國頗為相同的歷史發展進程，尤其是在面對列強“叩關”的歷史關頭，較為順利地實現了由傳統經濟向近代化的轉變，而中國這個傳統經濟發展的高度成熟的國度，卻屢屢想把自己置身於世界舞臺之外，屢屢想以表面的修補來應付時局越來越劇烈的變動。擔任中國海關總稅務司的英國人赫德在戊戌變法失敗之後，這樣總結說：“恐怕中國今日離真正的政治改革還很遠。這個碩大無朋的巨人，有時忽然跳起，呵欠伸腰，我們以為他醒了，準備着他作一番偉大事業，但是過了一陣，卻看見他又坐了下來，喝一口茶，燃起煙袋，打個哈欠，又朦朧地睡着了。”正因為如此，“天朝大國”一次次被迫品嚐失敗的苦果，“龍的子民”則一次次蒙受將成亡國奴的恥辱。

為什麼中、日走向近代化會出現如此巨大的差異？過去的學者已經做了若干探討。我們只是想從光緒皇帝和明治天皇這兩個人物着手，通過比較手法，結合客觀時勢、具體實踐以及文化傳統因素，來重溫這段迷離的歷史。

性格篇 Charactor

光緒在慈禧的監護下成長，明治則在武士的熏育下進入成年；光緒對慈禧一直心懷不滿，明治則對身邊的武士師傅們敬佩有加；光緒在慈禧眼裡一直是一個不成器甚至是有惡疾的人，因而光緒性格中充滿乖戾和任性，而明治在武士眼裡則是一個展示了良好素質和堅強毅力的未來決策者，因而明治性格中不乏果斷和勇武。應該說，成長過程中的這些經歷對他們各自的一生都產生着重要影響。

懦弱的光緒

子以父貴

光緒皇帝愛新覺羅·載湉

愛新覺羅·載湉屬於努爾哈赤家族，他的祖父是道光皇帝旻寧，咸豐皇帝奕詝是他的大伯，同治皇帝是他的堂兄。咸豐帝的西后慈禧在咸豐時就開始涉足宮廷政治，到咸豐十年八月（1860年9月），英法聯軍的槍炮讓咸豐逃離了北京，並於第二年死於承德的避暑山莊。他唯一的兒子載淳繼承了王位，作為他的母親的慈禧逐漸在操縱同治的生活方面顯示了自己的優勢。

奕譞是幫助慈禧發動宮廷政變扶持同治就位的人，又是慈禧的妹夫，自然以功而得到慈禧的賞識。同治三年（1864年）"加親王銜"，同治十一年（1872年）封為醇親王。以後又歷有升遷，成為清廷中舉足輕重的人物。他的小皇子載湉的降生也贏得了無數臣屬的重重賀禮。

奕譞在與妻姐慈禧的接觸中日益認清了慈禧攬權專制的面目，他選擇了退卻的道路，為自己的正堂也掛上了“思謙堂”的匾額，這給慈禧留下了可靠的印象。在同治帝、東西太后、恭親王奕訢和醇親王奕譞組成的同治朝局中，慈禧日益形成了一手遮天的勢力。當然在兩親王當中，恭親王年長些，功也更高些，他順理成章地於咸豐十一年（1861年）成立的總理各國事務衙門中獲得了首席大臣的位置，全權主持對外“和局”，包括外交各種事務，如派出駐各國公使，兼管通商、海關、海防、訂購軍火，主辦同文館和派遣留學生等。儘管有軍機處為中樞機構，而總署位不在軍機之下，反在主持政務的六部之上，權力極大。奕譞儘管身兼數職，權力日隆，又與西太后有一層妹夫的關係，可權力畢竟在奕訢之下。對於奕訢，慈禧實不願看到他與自己分割內外之權，曾於同治四年三月（1865年4月）以同治帝名義明發上諭，指斥並罷免奕訢，給奕訢來了個措手不及。無論如何，慈禧專權的局面更加明朗了。等到同治帝以不明病因死於熱河時，慈禧最迅速的反應就是排斥奕訢，把

奕譞

奕譞的兒子、自己的侄子加外甥載湉推上皇位，以確保繼續維持自己的獨裁局面。

年方四歲的載湉從此就被穿上“蟒袍補服”送上了皇位，年幼更給慈禧垂簾聽政創造了機會。在這個過程中，慈禧巧妙地安排了同治皇后阿魯特氏的後事，處決了對自己行為不滿的御史吳可讀等臣僚，順利實現了自己的目標。

“皇額娘”與“親爸爸”

年幼的光緒離開了自己的親生母親，卻必須面對東太后和西太后兩個母親，他稱呼東太后為“皇額娘”，稱呼西太后為“親爸爸”，不知是慈禧的有意為之，還是慈禧天生一副寧為男兒的氣概所致，總之，光緒切切實實感受到慈禧的威嚴，一見到“親爸爸”，就感到緊張，一見到東太后，就感到親切，儘管慈禧竭力培育光緒確認只有她才是光緒的親母。事實上，光緒無法從慈禧那兒得到溫柔如水的母愛，每當端坐養心殿召見臣工時，西太后的目光都讓他如芒在背。對於臣下而言，他應該是至高無上的帝王，可對西太后而言，他卻只是一個“兒臣”。他時時準備接受西太后的“教訓”，他最好不要有什麼想法，凡事由“親爸爸”定奪，這樣才體現了子對母的純孝。

正因為慈禧只要求光緒表現孝，因而並沒能給予光緒成長過程中特別需要的母愛。儘管慈禧也聲稱“皇帝入承大統，本我親侄。以外家言，又我親妹妹之子，我豈有不愛憐者？皇帝抱入宮時，才四歲，氣體不充實，臍間常流濕不乾，我每日親與滌拭，晝間常臥我寢榻上，時其寒暖，加減衣衿，節其飲食。皇帝自在邸時，即膽怯畏聞聲震，我皆親護持之。我日書方紙課皇帝識字，口授讀《四書》、《詩經》，我愛憐惟恐不至，尚安有他？”慈禧的這段話語常被人們看成是為自己所作的辯護，其實我們覺得慈禧也確實想做這樣的努力，結果卻沒有讓光緒覺得這份情感就是母愛。而且這份母愛不但沒有培養起光緒的自信和堅強，反而讓光緒變得更加膽小，更加缺乏了自信。光緒的師傅翁同龢是這樣說的：光緒帝入宮時身體確實不好，瘦弱多病，經常腹痛頭疼，說話也結結巴巴，慈禧本應該以恰當的方式讓其增強自信心，讓太監們在飲食上給予足夠的營養，結果卻是太

慈禧太后

監們經常不給他足夠的飯菜，以至光緒要偷吃太監們房裡的饃饃。同時“西太后待皇上無不疾聲厲色，少年時每日呵斥之聲不絕，稍不如意，常加鞭撻，或罰令長跪；故積威既久，皇上見西后如對獅虎，戰戰兢兢，因此膽為之破。至今每聞鑼鼓之聲，或聞吆喝之聲，或聞雷輒變色雲。皇上每日必至西后前跪而請安，惟西后與皇上接談甚少，不命之起，則不敢起”。

翁同龢

慈禧讓翁同龢當光緒的師傅，是希望翁同龢能按照她的意旨來塑造光緒。此前翁同龢就當過同治帝的師傅，已體現出對慈禧的忠誠。翁同龢出於傳統士子的良心，對於光緒在宮中的處境給予了足夠的撫慰。他不僅在學習上積極開導光緒，而且也多關注光緒的身體成長和心理成長，光緒帝開始把翁同龢看作可靠的人，向他訴說自己的苦衷，兩人的關係日益密切。翁同龢給予光緒包括封建政治倫理、帝王之學、歷史、地理、經世時文和詩詞典賦等知識，同時還“頻以民間疾苦、外交之事誘勉載湉”。他多麼希望光緒今後能成為一代英主，實踐過去英明帝王的帝德。他經常隨侍光緒帝進行一些祭天祀祖、朝賀拜壽、祈雨演耕等禮儀慶典，囑咐光緒帝要有天子風範，慶典要莊嚴威儀，祭祀要誠敬嚴肅。在這些活動中，還是孩子的小皇帝喜歡玩耍、好奇多動的天性一再顯露。對此，師傅立即勸諫制止，並有針對性地加以解釋和指導。慈禧要求翁同龢培養光緒對她的孝，時常在請安時施以訓斥。

在東太后和西太后之間，光緒喜歡東太后的“性情和悅”，害怕西太后的“嚴厲”。其實早在同治時，即使同治帝是慈禧親生，也沒有對自己的親媽媽產生依戀，而是對東太后更有感情。光緒不是慈禧的孩子，慈禧就更難培養出對自己的母子之情。西太后不去檢討自己的方式方法，卻越來越把仇視對準了東太后。儘管東太后時常表現出“息事寧人”，但這卻給了慈禧更多的稱雄機會。西太后的地位本遜於東太后，結果卻時常凌駕於東太后之上，甚至一手遮天，大權獨攬。光緒七年三月初十日（1881年4月8日），東太后突然病逝，被許多人認為與西太后的排擠有關。

東太后45歲之猝死成了清宮中的一大疑案，歷來引起人們的眾多演繹。無論如何，當時年僅十歲的光緒皇帝是怎樣也無法理解的。他幾乎每日均到東太后停靈的弘德殿致祭。一個多月後再入書房時，仍讀書“尤少尤分心”，“神倦氣浮”。三個月後，“讀雖佳而氣不靜，言及慈安亡故，泫然流涕，此發於真誠者矣”。慈安亡故之後，慈禧更加強了對光緒的馴化和控制，光緒因而形成了懦弱、畏縮與倔強、抗爭的矛盾性格。

西洋玩具的誘惑

光緒性格裡還有一個很獨特的地方。他四歲入宮，這剛好是一個愛玩的年齡。慈禧為了讓他安於呆在宮廷，竟培養起了他愛玩玩具的習慣。他特愛玩西洋玩具，像西洋的留聲機、帶火輪的車都是他所喜歡的，西洋的玩具是玩壞了一堆又一堆，以至外國玩具商把這當成了自己生意的重要來源，因為光緒是這家玩具店的主要買主。在光緒的時代，玩西洋玩具絕對是奢侈的行動，非帝王之家，非勳貴之家是難

慈禧對鏡插花像

以支付這昂貴的價格的。

或許是移情反應，光緒從喜愛西洋玩具發展到喜歡堅船利炮和其他先進的技術，這使他很自然地加入了“師夷長技以制夷”的行列。他對洋務運動懷有天然的支持態度，他對清朝頻受列強欺淩而慈禧卻總是息事寧人深為憤慨，他想以正義的武力對抗這野蠻的侵略，儘管這些只表現為他的一腔熱情。

光緒的行為傾向很快吸引了西洋人的目光，他們認為光緒既然癡迷西洋的玩具和西洋的槍炮，他恐怕也不至厭惡西洋的《聖經》——這部西洋文化的原典。他們讓光緒接觸了《聖經》，並產生了讓他們滿意的效果，光緒曾為此發佈過一道聖諭，意思是西洋宗教在於培育民德、增進民智，大清子民可以信奉基督教，不信仰基督教的人應該與基督教和睦相處。光緒曾學着做起了基督教的禱告儀式。光緒帝的這種趨西傾向贏得了西人的首肯，或許這本身就是對慈禧掣肘方針的悖逆，這種悖逆成了他性格中的隱性一面。他在當面受足了慈禧的掣肘之後，時常有一種伺機報復的衝動，親政之後，這種衝動則較易轉化為實際行動。或許這還與後來慈禧欲廢黜光緒卻遭到列強的干預不無關聯。

好衝動的書生康有為與好衝動的光緒皇帝在一見面後便達成了契合，親政後的光緒與已經形成自己理論體系的康有為結成了聯盟，百日維新正是這種衝動狀態下的產物。維新章程的目標是遠大的，卻無法有效地予以貫徹，戊戌維新成了只打雷、不下雨的未遂改革。

清朝帝王世系表

帝王	年號	在位時間
清世祖福臨	順治	1644 － 1661
清聖祖玄燁	康熙	1662 － 1722
清世宗胤禛	雍正	1723 － 1735
清高宗弘曆	乾隆	1736 － 1795
清仁宗顒琰	嘉慶	1796 － 1820
清宣宗旻寧	道光	1821 － 1850
清文宗奕詝	咸豐	1851 － 1861
清穆宗載淳	同治	1862 － 1874
清德宗載湉	光緒	1875 － 1908
溥儀	宣統	1909 － 1911

果敢的明治

倒幕運動

日本天皇的權力是通過武士集團與幕府的長期艱辛鬥爭來得到加強的。日本的武士團是形成於平安時期（始於794年滕原氏遷都平安京，終於1192年源賴朝任征夷大將軍。相當於中國大唐大曆十三年至南宋紹熙三年）以莊官為核心的軍事團體。起初，莊官把族人組織成"武士團"，後來，從京城到地方任職的貴族與地主領主勾結，使武士團更向族外發展，形成了強烈的主從關係。武士團裡，主人挑選有能力的人做他的從者，給予土地和其他保護；從者則要對主人絕對效忠，並為主人盡軍事及其他方面的義務。從屬主人的本宗族子弟稱為"家之子"，非本宗族的人，稱為"郎黨"。他們雖然從屬於主人，但並不是一般的農民，也不是文人策士或雞鳴狗盜之徒。日本的武士似乎更像中國古代的俠客，但他們不是獨行的遊俠，而是作為一個階層而存在的。正因為他們是既個體又集群的存在，漸漸形成了極大的勢力，並由此長期控制日本的

騎馬的日本武士

政局。在鎌倉幕府時期，日本武士吸取了中國宋代儒學與禪宗觀念，形成了“效忠主上，重名輕死，崇尚勇武，廉恥守信”的“武士道精神”。這種“武士道精神”便成了日本封建制度的思想支柱。

在“尊王攘夷”運動中打頭陣的，是長州藩的下級武士。此運動雖然獲得了許多人的回應，但也遭到了高級武士和一些有權勢的公卿大名的抵制和反對。當貴族公卿和幕府將長州藩的下級武士趕出京都，參與倒幕的公卿被解職以後，自知勢單力薄的孝明天皇發表聲明，表示不喜歡“王政復古”，也不想掌握大權。倒幕派感覺被天皇出賣了，於是在1864年7月策劃了進攻皇宮、奪禁孝明天皇的計劃，因幕府於事先發現而做了防範，此陰謀未能得逞。同年8月，幕府命令西部各藩出兵討伐倒幕派的大本營——長州藩，倒幕派一下子由“尊王派”成為“朝敵”和“逆賊”，處境非常艱難。9月初，長州藩遭到英、美、法、荷四國艦隊的炮

奉還大政。此圖描繪了掌握實權的幕府將軍德川慶喜在1867年主動向天皇交權的情景。但是，這只是一種姿態，在得到天皇批准後，德川慶喜卻以武力相威脅

擊，長州藩的內部發生變化：執掌藩政的一部分人向幕府表示降服，支持進攻皇宮的三家老被迫自殺。但在當年的年底和第二年的年初，倒幕派的高杉晉作在內部起兵，再一次掌握長州藩的藩政大權。1865年春，幕府再次下令征討長州藩。1866年3月，執掌了薩摩藩大權的大久保利通和西鄉隆盛（均為下級武士出身）和長州藩訂立了共同倒幕的密約。同年7月，幕府正式發動第二次征討長州藩的戰爭。但是，以薩摩藩為首的許多藩

的大臣拒絕出兵助戰，少數出兵的大臣也接戰不利。1866年8月，德川幕府的第十四代將軍德川家茂突然病死於大阪。不久，幕府只好撤兵罷戰。這一年的年底，孝明天皇猝死；次年2月，孝明天皇的次子年僅14歲的睦仁繼承皇位以後，長、薩聯盟與控制着幼天皇的公卿岩倉具視秘密聯手。1867年10月13日，幼天皇發出了赦免長州藩藩主並恢復其官職的密詔；第二天，又發出了命令長州藩和薩摩藩討伐於年初繼任德川幕府的第十五代將軍德川慶喜的密詔。1868年1月3日，天皇發佈"王政復古大號令"，宣佈廢除幕府制，組成新政府。德川慶喜逃到大阪，準備進行武力對抗。

德川家的幕府軍1.5萬人和由薩摩、長州兩藩組成的"天皇軍"5,000餘人在京都附近的鳥羽伏見展開了決戰。從數量上來看，幕府軍佔絕對優勢。但天皇軍"名正言順"，士氣高昂。幕府軍戰敗了，德川慶喜逃回江戶，避居上野寬永寺。1868年5月，獻出江戶投降。到8月，天皇正式確定年號為"明治"，這也是取自中國古籍《易經》"聖人南面聽天下，向明而治"之語。這年他16歲。9月，江戶改稱東京，並被定為首都。10月23日，慶應四年改元為明治元年。從此他的生命活力得到了巨大的迸發。

武士道精神的薰陶

據說本來明治天皇天性膽小，1864年長州藩士兵與幕府軍激戰時炮轟宮廷，隆隆的炮聲竟把12歲的明治嚇得昏了過去，以至於朝臣們都擔心，如果再發生類似的事情，"虛弱的君主必定馬上被嚇死"。

從此武士出身的西鄉隆盛把宮廷變成了演武場，他讓明治天皇接

明治天皇

受軍事化的訓練，凡劍術、馬術、角鬥術，都教給了明治。此時明治剛剛 20 歲，正處於喜好武勇的時期，因此，在這種訓練下，很快便由一個文弱書生變成了崇尚武功、好勇鬥狠的武士。

除了着力培養明治天皇的尚武精神，維新派還特別重視從思想和文化上對明治天皇進行培養。他們先後任命平田鐵胤、加藤弘之、西村茂樹、西周、福羽美靜、副島種臣等知名學者為“侍講”，向天皇講授中國古典《大學》、《詩經》、《史記》、《資治通鑒》、《貞觀政要》以及日本史籍《神皇正統記》等，讓明治對中國傳統的書法和繪畫都產生了極大的興趣，他的居所曾長期懸掛着中國水墨畫—松、竹、蘭“歲寒三友圖”。為了開拓天皇的視野，使之掌握執政經世之術，維新派還為天皇開設了有關國際知識以及德語等課程，為其講授德國法學和法國政治典章，介紹歐美資產階級的統治經驗。《西國立志編》、《法國政典》等啟蒙著作都成為天皇學習的教材。

經過這種悉心的教育，明治天皇日益成為符合維新派需要的君主。他一方面尊重傳統，深諳維護天皇制所必需的封建倫理道德，善使中國毛筆，能作日本古詩；另一方面，又對西方近代思想多有了解，具有開放精神。關於這一點，不僅反映在明治天皇支持維新的政治態度上，而且也反映在其生活方式的變化上。改革伊始，明治天皇就廢除了日本剃眉染齒的舊俗。據說，明治天皇終身嗜好喝法國陳葡

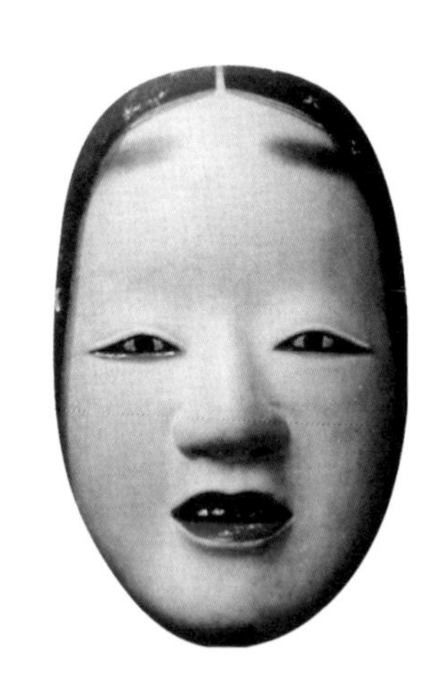

明治維新前的女子面具

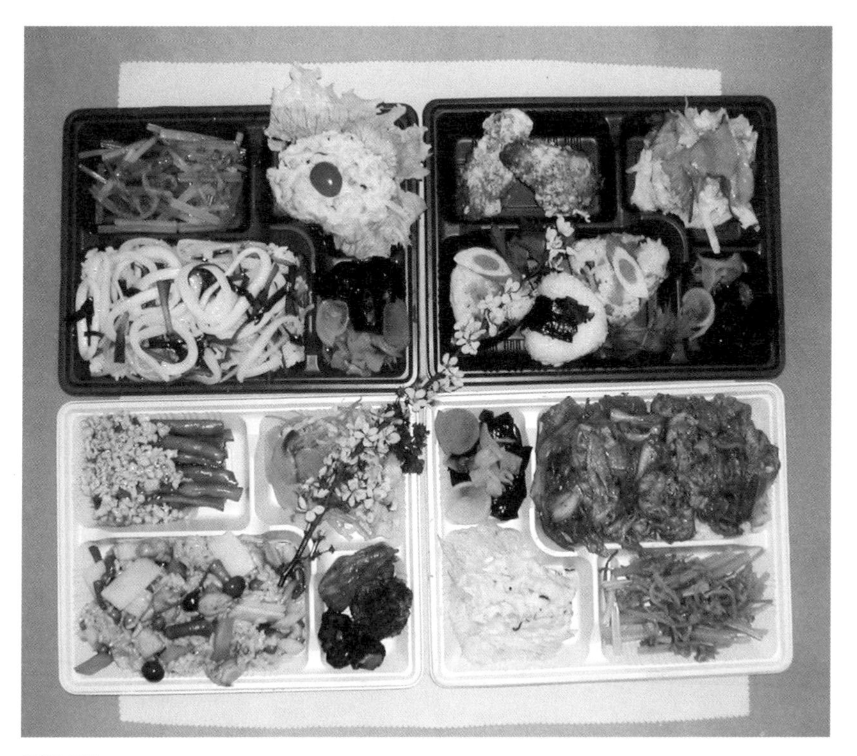
精美的日餐

萄酒。1871年，明治天皇率先開始喝牛奶。1872年，更帶頭正式進食牛肉。長期以來，日本人深受佛教戒殺生思想的影響，很少吃肉，即使偶爾吃一頓，也要關上門不敢讓外人知道。當西風東漸後，日本人被告知，他們之所以矮小，身材不如西方人，就是因為不吃肉。於是天皇帶頭進食牛肉，破除舊的傳統觀念。一時間，東京市民吃肉之風大盛。有人為了標榜文明開化，特意到牛肉菜館吃飯，點上一份牛肉火鍋，佐以啤酒或白蘭地，再說上幾句生硬的英語，顯得頗為時尚。明治初年，東京府每天平均宰牛一頭，而到明治五年，每日平均宰牛增到二十頭，若以每人吃半斤計，則吃肉者可達5,000人。明治天皇還樂於穿着西裝，儘管他大多數時間都穿着體現武士精神的制服，皇后則更是多着體現西洋風格的無袖露背裝。1872年，日本政府規定，今後禮服一律採用西裝。對這一改變，社會輿論評價說："奇哉妙哉，世上洋服。頭戴普魯士帽，腳登法蘭西鞋，衣袖英國海軍式。婦女襯衣貼身穿，大漢斗篷過小腿。"一些西方傳記作家認為明治夫婦的模範行為在引導日本學習西方、實現國家工業化方面都發揮了積極的作用。

日本天皇世系表

神武——綏靖——安寧——懿德——孝昭——孝安——孝寧——孝元
——開化——崇神——垂仁——景行——仲衷——應神——仁德
——履中——反正——允恭——安康——雄略——清甯——顯宗
——仁賢——武烈——繼體——安閒——宣化——欽明——敏達
——用明——崇峻——推古(女)——舒明——皇極(女)——孝德
——齊明——天智——弘文——天武——持統(女)——文武
——元明(女)——元正——聖武——孝謙(女)——淳仁——稱德
——光仁——桓武——平城——嵯峨——淳和——仁明——文德
——清和——陽成——光孝——宇多——醍醐——朱雀——村上
——冷泉——圓融——花山——三條——後一條——後朱雀——後冷泉
——後三條——白河——堀河——鳥羽——崇德——近衛——後白河
——二條——六條——高倉——安德——後鳥羽——士禦門——順德
——仲恭——後堀河——四條——後嵯峨——後深草——龜山
——後宇多——伏見——後伏見——後二條——花園——後醍醐
——後村上——長慶——後龜山——後小松——稱光——後花園
——後士禦門——後柏原——後奈良——正親町——後陽成
——後水尾——明正——後光明——後西——靈光——東山
——中禦門——櫻町——桃園——後桃園(女)——後桃園
——光格——仁孝——孝明——明治——大正——昭和
——明仁——德仁

權力篇 | Power

光緒的一生都在慈禧的掌握之中，即使在他“親政”之後，他仍然是徹頭徹尾的“兒臣”和傀儡；而明治的一切舉動則多在武士的幫助下付諸實踐，成為日本歷史上創造了輝煌的神聖天皇和民族英雄。

慈禧控制中的光緒

大敵當前

光緒年間，中國被列強侵辱，民眾在洋人和貪官污吏的殘酷壓迫下，聊生無術，反抗日烈。清政府拆東補西，顧此失彼，疲於應付。正因如此，朝內的爭奪此起彼伏，清王朝已處於艱難境地。外患頻仍，內爭激烈，這是光緒帝的現實處境。外患使其認識到自強和捍衛民族尊嚴的重要性，內爭使其明白君臣合作共治的必要，光緒心中湧動起一股股圖治的慾望。

慈禧在外敵面前時常表現出妥協的立場，李鴻章經常成為她妥協政策的實際執行者。光緒與軍機處及許多地方大員一起形成了與之相對的主戰派，堅持對侵入中國的法國軍隊實施打擊。光緒十年六月初一日（1884 年 7 月 22 日），當法國與中方談判要求中國“賠款”時，光緒表示了極大的不滿。顯然，光緒並不明白清政府的實力，這嚴正的立場和初生的銳氣缺乏必要的國力基礎。

事實上，光緒帝的態度對實際局勢也沒有產生多大影響，因為慈禧太后完全左右着整個朝廷的最後決策。慈禧日益看不慣軍機處翁同龢、奕訢等的抗爭表現，斷然罷黜了軍機處五位大臣的職位，翁、奕皆列其中。慈禧這種消除異己的極端態度使光緒帝再度感到自己的卑微處境，清政府戰和不定的態度終於釀成了馬尾海戰的慘劇。儘管海戰後清政府已對法國宣戰，可是直到光緒十年（1884 年）年末，清政府依然歌舞昇平。西太后為給自己

慈禧和外國公使夫人在一起

慶賀65歲壽辰，在前線邊警頻傳的情況下，依然不放棄籌辦事宜，光緒帝也只得反復到慈寧宮“演習起舞”、“演禮”。

儘管光緒十一年（1885年）春天，軍民不斷取得反擊的勝利，但以慈禧為首的勢力卻於該年四月二十七日（1885年6月9日），與法國代表巴德諾簽訂了《中法會訂越南條約》，從而滿足了法國的侵略要求。清政府承認法國與越南簽訂的侵略性條約；在中越邊界上指定保勝、諒山一帶通商，並允許法國商人在此居住、設領事；中國修鐵路須向法國經營者商辦等。於是，法國侵略勢力便借此伸入中國雲南和廣西。這一妥協的媾和葬送了中國軍民以鮮血和生命贏得的勝利果實，演出了中外戰爭史上罕見的結局，在勝利中落得個屈辱的結果。

目睹這一結局，已16歲的光緒

意識到了自己親政的重要性。過去康熙帝於14歲時就親了政，慈禧遲早要完成這一轉變。但慈禧卻非常不願實現這一轉變，她讓太監李蓮英坐視光緒帝的一言一行。李蓮英真不愧為慈禧身邊的一條忠實的狗，他心領神會慈禧的意旨，經常在慈禧面前説光緒的壞話，説“皇上有怨望之心”，離間光緒與慈禧間的關係，有時還仰仗慈禧的威儀“淩蔑皇上”。

光緒十一年（1885年）九月，清政府成立了海軍衙門，任醇親王奕譞為大臣，但實際上，親操其事的卻是直隸總督兼北洋大臣李鴻章。隨後，洋務派首領李鴻章便加緊通過購買外國艦船和培養海軍人才等籌建北洋海軍。到次年春，北洋海軍已成雛形。因而李鴻章即向清廷奏請派大臣前來校閱，奕譞當然地被西太后派往巡閱。為避免西太后的猜疑，奕譞主動奏請由李蓮英隨行前往。李蓮英真的就被慈禧派出，並加了二品頂戴，賞給了黃馬褂，和奕譞的待遇一般無二。這一事件之後，先有監察御史朱一新上疏彈劾，再有內閣學士徐致祥上疏極言中官出使的不妥當，結果朱被降職，徐的疏言則被“留中”。李蓮英在慈禧的庇護下更加肆無忌憚。光緒十四年（1889年），江蘇學政王先謙又以太監李蓮英招搖疏請予以懲戒，只是因為光緒大婚在即，慈禧寬容了王先謙。

虛假的“歸政”

隨着光緒大婚、親政的臨近，慈禧撤簾歸政亦成必然。慈禧不得不考慮到自己的後路。她不顧國敝民貧、天災和邊患，堅持上了三海工程和頤和園工程。她甚至挪用海軍經費，不惜賣官鬻爵，動員百官“報效”。凡海軍經費息銀、海防捐銀、海軍衙門“閑款”和海軍經費

光緒皇帝大婚慶隆舞

正款等數項，共計三海大修工程總費用600萬兩中有436.5萬兩來自海軍經費。頤和園修建總費用更為巨大，僅動用海軍經費即860萬兩。兩項工程共耗費銀數千萬兩，其中動用海軍經費計約達1,300萬兩。海軍經費的被挪用，無疑又極大地干擾和破壞了北洋海軍的建設。難怪李鴻章要推卸對甲午海戰失敗的責任。

慈禧對光緒的親政一直持消極態度，在養心殿或乾清宮，如有召見群臣奏對，光緒帝依然如泥塑木雕，正襟危坐。西太后在光緒帝身後或垂簾，或乾脆不垂簾，甚至與光緒帝並坐，聽政問政，應答和發號施令。光緒帝偶爾對國家大政參與點意見，也很難真正引起群臣的重視。加之西太后在側，他不禁感到神經緊張甚至恐懼，更多時只能

瑾妃

光緒皇后

閉口無言。慈禧的專斷和獨裁實在讓光緒無法伸展自己的抱負。光緒親政的慾望更加強烈了。

慈禧迫於時勢，作出了"歸政"的姿態，但提出歸政之後，她依然享有"訓政"的權力。她有意以"疏於過問"和減少召見朝臣等表面現象來向人們展示自己淡於問政的歸政誠意。她不顧各地的天災頻發，也不管王朝維持的艱難，繼續關注着三海工程和頤和園工程的進展。她似乎是要讓光緒在親政中品嚐親政的苦衷。

慈禧對光緒的親政實在出於無奈，她總是想盡辦法，加強對光緒帝的影響。光緒十四年（1888年），光緒帝18歲了，大婚的事已到了不能再拖的地步了。經過她的插手干預，她又安排了自己的侄女做了光緒帝的隆裕皇后，而把光緒自己喜愛的瑾嬪和珍嬪封為瑾妃和珍妃。

婚禮完全是按慈禧的意旨進行

珍妃

的，儘管在大婚前夕發生了被認為是預兆不祥的火災，儘管光緒帝非常不願意接受這位皇后，但婚禮照樣正常進行。為了裝點喜慶氣氛，慈禧不惜連續發佈懿旨，對清廷的文武百官、封疆大吏以及皇親國戚都大行獎賞，加官晉爵，甚至對那些駐京的外國使臣也給予"表彰"，"設宴款待"，可是光緒的心態卻越來越冷漠，他不但不能從大婚中體會喜氣和歡欣，反而覺得自己更像一個木偶一樣被人擺佈，心中更覺悵然。婚後第四天，他藉口有病，竟把原定在太和殿宴請國丈及整個皇后家族、在京滿漢大員的筵宴禮撤銷了。當光緒命人"把宴桌分送在京的王公大臣時，竟然'未提后父、后族'，以至京師街頭巷尾，議論紛紜"。年輕氣盛的光緒帝想用這種方式發洩胸中的憤懣，表示他對這場包辦婚姻的抗爭。

婚後第六天，光緒帝舉行了親政大典。當時，西太后在慈寧宮接受光緒帝率領群臣三跪九叩，然後還宮；旋即復出御中和殿，接受執事官行禮。光緒帝再御太和殿，樂作；升座；樂止；鳴鞭三；王公百官行禮，並宣詔頒行天下。自此，光緒帝算是正式開始親政了。西太后為了表示自己讓光緒帝親政的心誠意切，早在上年五月已開始間斷性地進駐頤和園了。至此，她一手導演的這齣光緒帝的親政鬧劇，時斷時續地搞了近三年，終算落幕收場了。

光緒帝並沒有因親政而擺脫慈

禧的影響，過去慈禧在宮中，他得每日請安，當慈禧到了頤和園後，他照樣還得“間日”或數日一往問安。一位外國人都說：“太后此時，表面上雖不預聞國政，實則未嘗一日離去大權。身雖在頤和園，而精神實貫注於紫禁城也。”

光緒帝一直謀求着超越慈禧，卻總是無法達到目的。不要說慈禧太后垂簾聽政的時候，即使“歸政”以後，他也一直是一個實際上的傀儡，根本不能真的親政。這位太后的權慾實在是太強了，而且攬權的手段也着實高明，對外宣佈頤養園囿的她，手中卻一直緊緊地牽着控制皇宮御座的那根無形的韁繩，她通過安插鷹犬來實現監視光緒行動的目的。也許慈禧一生最遺憾的就是自己為什麼不是一個男性，若是，她會名正言順地坐在宮殿正中的御座上發號施令。中國歷史典籍中不斷有關於后妃政治對中國社會的殃害的記載，讓慈禧覺得自己做得再好，仍然要蒙受亂政的罵名。她只能選擇垂簾聽政這種干預政治的形式，因為這樣才符合正統，這樣才能為人們所接受。在這個意義上，慈禧是多麼希望光緒是一個聽話的小侄子呀！光緒能聽話，她非常願意維持這樣的既成格局。但是光緒卻在實際生活中越來越滋生出膩煩情緒，越來越接觸到與傳統大相徑庭的東西，於是慈禧與他就必然產生了矛盾，出現了鬥爭。

主戰派與妥協派

無論如何，光緒的膩煩終究是小兒科的，他的極端舉動只能走向他所想達到的目的的反面。他終究沒有辦法聚集起自己的力量，這就使得他的新政更多地停留在詔令上，而無法在實際生活中得到體現。因為眾多的官員早已形成了光緒是傀儡的印象，他倉促的行動更是加深着人們的這種印象：光緒是在玩火，火勢太弱，必將有熄滅的時候。於是地方官員們或是陽奉陰違，或者乾脆以未收到詔書塞責。

光緒帝特別希望有人為他出點子，特別希望有人幫助他掙脫慈禧的束縛，也特別希望能有他先輩輝煌的業績。對於光緒而言，發生在甲午年（1894年為農曆甲午年）的這場戰爭，為他提供了一次執掌大權的好機會，因為當時的不少權臣都站在以他為代表的“主戰派”一邊。這一邊，除了他的師傅翁同龢、珍妃的師傅文廷式以外，還有以候補侍郎入值軍機大臣的剛毅、在奕訢任議政王時為軍機大臣的李鴻藻、曾與恭親王關係密切的戶部右侍郎長麟、翰林院修撰張謇及極力呼籲讓恭親王復出的陸寶忠等。此外，還有一些王公大臣也是主張打的，其中包括慶親王奕劻。若是這些權臣和他聯靠在一起，“帝黨”的勢力就會大增；若是再有恭親王、慶親王和皇帝聯手，慈禧的干政就該陷入困境了。當然，那前提是光緒必須能夠對慈禧挺起腰桿兒，首先在心魄上不膽戰心驚，同時還要講究權謀和策略。可惜他不是康熙大帝，做不出在15歲的時候就可以除去專擅朝政的權臣鼇拜的事情，也學不了雍正帝——先利用隆科多和年羹堯得帝位，然後禁、殺與其爭位的兄弟，再反手除去隆科多和年羹堯。他沒有這些膽魄、謀略和手段，有的只是盲目“主戰”，而不知利用戰事來鞏固他的“皇權”。

中日甲午戰爭前後，慈禧被一些人認為是“妥協派”。其實平心而論，中日戰爭爆發之前和剛開始接戰的時候，慈禧並不是“妥協派”，這是因為她並不知道事態的嚴重性，沒有充分認識日本明治維新後形成的巨大實力，也不願意其他的什麼雜事擾了她的60大壽；同時她也是一個非常有心機的人，自然會暗防“帝黨”借戰事而擴大力量。在她眼裡，小小的日本國也算

奕訢

不得什麼。在明代，它叫倭寇，只不過騷擾了一下沿海地區，和草寇差不多。若說列強，那是英、法、德、俄，哪有日本的份？既然是小日本鬼子不自量力，何不教訓它一下？滅了小日本的氣焰，長一長天朝的威風。

掌握着清軍精銳的李鴻章應該了解一些實情。他並非完全站在“主戰派”的反面，只是他不願大打。他的內心深處似乎只把建設北洋水師作擺設，卻不願意讓這支艦隊受到損失。他早在1874年日本侵犯臺灣時已覺察到日本對中國的威脅，這時他還更擔心列強出兵干涉。長期搞洋務，和外國人打交道，他知道他的淮軍難以對付洋槍洋炮，也自知北洋海軍因軍費不足而沒有完全練成。他必須保存實力，保全他苦心經營的北洋水師。更重要的是，他不會不知道執掌實權的慈禧並不想對外開戰，不會不知道大清國的軍隊並沒有做好對外開戰的準備，也不會不知道大清國的實際國策是自保。

甲午之年，面對“小日本”的挑釁，光緒主戰是必然，連慈禧也改變了態度，因為堂堂的大清帝國豈能容忍“小日本”的淩辱？皇上和太后都主戰，外加日軍咄咄逼人，李鴻章別無選擇，只能備戰增兵。不過他依舊暗打着利用矛盾、“以夷制夷”的算盤，想讓居眾列強馬首的英國和對滿洲早有野心且利益已得的俄國出面調停。但那只是一廂情願，英、俄顧的是自身利益，怎肯為他人火中取栗？光緒沒有對英、俄抱有幻想，對日本則越來越明確地表現了抵抗到底的態

李鴻章

度，只是因為他沒有真正掌握國家大權，部將的任用上他沒有權，軍事建設的撥款上他沒有權，處罰不職官員上他的權力仍然有限。此時的慈禧先是不明真相，輕視小日本，後來在遭遇小日本的侵犯後也充滿義憤地站到了主戰的一邊。但她似乎沒有意識到日本的強大程度，仍然低估了日本的力量。她似乎更關注樹立自己福人的形象，更願意傾國家財力於她的"萬壽生辰"上，於是，她的注意力始終沒有轉移到抵制外侮上。

甲午之戰使"小日本"得到了許多實際利益——除了吞佔朝鮮、強取臺灣以外，還獲得銀2億3千萬兩（包括在其他列強的壓力下日本讓清廷以白銀贖取遼東半島的銀兩）。如果沒有這些"賠款"，它大概很難有那麼多錢來武裝到牙齒，進而發動更大的戰爭。大清國則竟然又敗於一直被國人稱為"倭寇"的小日本，其所產生的觸動實在是太大了。因為小日本過去一向跟隨在中國之後，屬於中華帝國的藩國。在西方列強向東擴張時，日本同樣面對了夷患猖熾的境遇。

光緒帝於1889年親政後，身邊已團結起自己的一批力量，過去人們稱"帝黨"，其實，不管帝黨或后黨，其中都包含了一批有強國禦侮思想的人士，如奕訢早在1874年日本侵佔臺灣時就意識到外侮的嚴重性，提出了積極加強海防的思想，李鴻章也是抱有這種思想來興辦他的北洋海軍的，只是他們都屈服於慈禧太后的淫威之下，慈禧曾給過他們顏色，他們變得馴服了。

在這一國難當頭之時，倒是康有為的演講更能激發國人的昂揚鬥志。保國會在這種聲浪中孕育而生了，光緒皇帝也表示了支持的態度，他說："會能保國，豈不大善。"與此相呼應，一股保國救亡的聲浪響徹寰宇，在京城中一批激進分子早已團聚到他的周圍。

性格導致失敗

親政的光緒本可以好好地利用這有利的形勢，做出些驚天地、泣鬼神的壯舉來，但是他深深地為自己仍受制於慈禧而無可奈何。慈禧的怪異心理在這時又發生着作用，她最不習慣看到的是別人生活和美、建立功業，就連她的兒子同治帝與媳婦關係和諧也讓她難受，她硬要給他們設置障礙，甚至公然粗暴干涉他們的夫妻生活，最終導致了同治帝的早夭。如今她妹妹的兒子光緒帝準備大幹一場以建立不朽功勳的時候，她又如芒在背了。

光緒帝從來就不敢背着慈禧有什麼動作，他早已習慣於按慈禧的意思辦事。他照樣得有規律地去向慈禧請安，聆聽慈禧對政治的安排和建議。人們總喜歡說慈禧身邊有一堆忠於她的人，被稱為"后黨"，相應的光緒身邊也有一批忠於他的人，被稱為"帝黨"。客觀上看，可能確實存在這樣的分野，但這並不完全意味着政治觀念也存在相同分野。在后黨行列，並不全是鐵桿的頑固派，在帝黨的陣營中，也不全是矢志維新的人。或許有實權者皆由慈禧所圈定，他們從情感上自然應該忠於慈禧，他們或許會認同光緒帝手下臣僚的維新主張，但往往表現出的是無可奈何的同情而已。李鴻章可以說是緊隨慈禧的忠臣，但他其實不乏維新思想與維新意願，他甚至在慈禧跟前都敢承認自己是康黨。奕訢過去也是較激進的改革者，但慈禧的威嚴令他退卻。早年在慈禧太后通過政變奪取最高統治權的時候，奕訢是同謀和主要助手，後來他以此自傲，卻遇到了慈禧嚴厲的懲戒，使他不得不有所惕厲。其後奕訢借機讓山東巡撫丁寶楨誅殺了慈禧的寵倖宦官安德海，卻遭遇到了慈禧長達十餘年的貶斥。奕訢由此在慈禧這位老佛爺面前變得忠順了。慈禧在長期執掌實權的過程中，逐漸養成了"順我者昌，逆我者亡"的跋扈情緒，對李鴻章、奕訢等都時常施之，可見慈禧十足的集權慾。再說到翁同龢，他雖然有引見康有為之功，雖然也主動擬就了充滿革新精神的《明定國是詔》，但他的思想深處與康有為並不一路，這也是符合實際的現象。翁同龢本來是光緒的師傅，取得了便利地與光緒“造膝獨對”的機會，但光緒親政之後的光緒二十二年（1896年），慈禧太后借故下令裁撤了漢書房，將翁同龢攆出了毓慶宮，又脅迫光緒佈諭以“離間兩宮”和“遇事生風”、“語多狂妄”的罪名革去被列在帝黨行列的吏部侍郎汪鳴鑾、戶部侍郎長麟以及侍讀學士文廷式之職，這更加深了人們對帝黨和后黨爭鬥的認定。其實不僅翁同龢對維新不甚熱心，翁同龢的朋友張謇對康、梁輩策動光緒皇帝變法也很不以為然。

在維新與守舊兩者之間，觀點與行為有時也是相互脫節的。梁啟超的一段總結堪稱貼切：“綜全國大臣之種類而論之，可分為數種類：其一瞢然不知有所謂五洲者，告以外國之名，猶不相信，語以外患之危急，則曰此漢奸之危言聳聽耳。此一種也。其二則亦知外患之可憂矣，然自顧已七八十之老翁矣，風燭殘年，但求此一二年之無事，以後雖天翻地覆，而非吾身之所及見矣。此又一種也。其三以為即使吾及身而遇亡國之事，而小朝廷一日尚在，則吾之富貴一日尚在，今若改革之論一倡，則吾目前已失舞弊之憑藉，且自顧老朽不能任新政，必見退黜，故出死力以爭之，終不以他年之大害，易目前之小利也。此又一種也。”要麼是昏蒙糊塗，要麼是苟且偷安，如此的朝臣充盈，並且是由他們“把持政柄”，在這種情況下，“改革黨人乃欲奮螳臂而與之爭，譬如孤身入重圍之中，四面楚歌，所遇皆敵”，最後失敗之局固然難免。

按理說，中國傳統社會特別注重對正統的推究，慈禧垂簾只能作為過渡階段的權宜之計，光緒帝既然已到了親政的年齡，人們就應該支持他，擁戴他，但事實卻不是這

河北遵化慈禧寢陵龍恩殿前的陛石。鳳在龍之上的圖案是帝后關係錯位的具體表現

樣，歷史發展的豐富性、多樣性往往就於此表現出來。人們似乎都認定光緒帝只是一個傀儡皇帝，譬如，召見康有為，康有為確實受到了很大的激勵，一聊就達兩個多時辰，但光緒只是產生了興趣，並沒有明確的實施計劃，事後也沒有給康有為應有的官職，這本身似乎亦是光緒對變法信心不足或前途不明的表現。召見梁啟超更是開了歷史的先例，正面說是禮賢下士，反面說亦更顯示了其力量的薄弱。對於譚嗣同、林旭也只是給予了章京之位，級別尚低，不足以與慈禧勢力分庭抗禮。對待袁世凱的態度，袁世凱的進言充分反映了光緒帝的缺點。"古今各國變法非易，非有內變，即有外患，請忍耐待時，步步經理。如操之太急，必生流弊。且變法尤在得人，必須有真正明達時務老成持重如張之洞者，贊襄主持，方可仰答聖意。至新進諸臣，固不乏明達猛勇之士，但閱歷太淺，辦事不能慎密。倘有疏誤，累及皇上，關係極重，總求十分留意，天下幸甚。"其基調是勸諫光緒帝變法要"步步經理"，不要"操之過急"，強調"變法尤在得人"，特別推薦張之洞為"真正明達時務老成持重"，而能夠"贊襄主持"變法之臣，說"新進諸臣辦事不能慎密，倘有疏誤，累及皇上，關係極重"云云，每一句話都不是茫無所指之語，而都是話中有話，有的放矢。針對康有為為他們"誅祿圍園"方案來勸諫，話語委婉而表意明確，顯然是不同意那個方案的。總之，光緒給人的印象就是自己並沒有那麼目標明確，矢志變法，對翁同龢他不積極保留，對康有為、梁啟超也不竭力擢用，對反對派處置也不夠嚴厲，優柔寡斷，貽誤時機。光緒對慈禧安排的一切都安然接受，這是其長期養成的習慣，他也似乎較少懷疑過。即使到了政變後，慈禧還照樣以光緒的名義發佈詔令，光緒也照樣恭順地首肯。更進一步說，慈禧也沒有那麼與光緒水火不相容，《明定國是詔》由翁同龢起草，也經過慈禧認可，其後，光緒不斷有新詔令頒佈，慈禧與光緒帝照樣有請安和回宮之往還，並沒有形成太多的尖銳對立，只是慈禧換掉了翁同龢，安插了榮祿，從而使其監督光緒的目標更容易實現。

武士擁戴下的明治

中央集權的加強

明治的成長適應了維新派的願望，他對維新派的維新事業表示了極大的認同，認為“卿等所言極是”，而維新派則進一步為樹立天皇的威信而不懈努力。19世紀70年代末期，伊藤博文掌握了權力，明治天皇被擁到了政府的前臺，開始定期親臨內閣，參與國政，到80年代後期，凡樞密院審議憲法草案，明治皆力求出席，以示對憲法修立的關心。

明治天皇的政治威信還在經常外出巡幸中得到提高，這是過去天皇所少見的。他在位45年，先後到皇都之外巡幸96次，足跡幾乎遍及全日本。這些巡幸，或為了安撫對政府不滿之地方士族，或為了向國民顯示皇恩浩蕩，或為了檢閱軍隊，鼓舞士氣，因此，他時常對老人、鰥寡廢疾之人給予賑濟，給恪守傳統道德的節婦、孝子以賞賜，甚至還深入田間地頭，體驗農民的勞動。明治政府的民眾支持率由此獲得了很大的提高。

明治政府還在建立政治制度、改善皇室經濟狀況以及開展思想滲透等方面進一步為天皇造勢，把天皇推上至高無上的神壇。

1868年3月，明治天皇頒佈了實施復古神道的《神佛判然令》，在日本掀起了一場排佛毀釋浪潮，佛教遭受了滅頂之打擊，同時下令重設神祇官，負責祭祀天神地祇、歷代皇靈，並掌管宣傳教化，其地位僅次於天皇；其後，將該官置於教部省，以求實施對國民有組織的教化。同年明治政府還曾發佈諭告

明治神宮。供奉明治天皇和昭憲皇太后的場所。建於1915年至1920年，二戰時被焚，1958年按原樣重建

強調："天皇乃天照大神之孫，從開天闢地起即為日本之主。"京都府的諭告中則發揮為："日本是天皇先輩締造的，每個人從降生起就用天皇的水沐浴，死後仍要埋在天皇的土地上。"同年11月，日本恢復新嚐祭，明治政府因勢佈告天下："皇國的稻子，是天照大神把天上種植的稻子，通過天孫降臨人世的。新嚐祭就是自神武天皇以來的歷代天皇，為表示不忘這種神恩，並為祈求風調雨順而舉行的。"明治政府甚至規定所有臣民都應該參加表現國家神道之本的宮中祭祀，國民的慶祝日和祭祀日都要與宮中的祭祀日保持一致。1873年，日本棄陰曆改用陽曆，擯棄了端午、七夕、重陽等傳統節日，卻代之以體現國家神道的祭祀日、慶祝日，如孝明天皇祭（1月30日）、建國日神武天皇祭（4月3日）、新嚐祭（11月23日）等等。明治政府

明治天皇

下令各地建立神社，開展體現國家神道的祭祀活動，這類神社祭祀的物件都是天皇為維護和提高天皇威信而設置的神靈，他們或是為建立近代天皇制國家而陣亡的將士，或是天皇的皇族成員，或是天皇欽奉的"忠臣"。明治天皇曾參拜過祭祀神武天皇的伊勢神宮和祭祀維新中陣亡將士的招魂社。該社於1879年改名為靖國神社，升格為日本軍部的一個宗教機構，劃歸陸、海軍省共同管理，由此可見明治政府實行神道國教化的孜孜用心。

明治政府還進一步加強對國民忠於天皇的文化教育，1890年發佈了具有強制性的國民道德規範《教育敕語》，除了"孝父母、友兄弟、夫婦相和、朋友相信"之外，敕令特別強調要忠君愛國，"一旦有緩急，則義勇奉公，以扶翼天壤無窮之皇運"。要求國民為天皇制國家貢獻一切。明治政府把天皇、皇后的相片分發各學校，其中天皇是一個全副武裝的軍人形象：他端坐於椅上，斜披綬帶，胸佩勳章，右手扶椅，左手持劍。雙眼凝視前方，唇上的兩撇鬍子上翹，顯得跋扈而驕橫。1891年的《小學校令》中規定：節日應舉行向天皇和皇后像敬禮並宣讀《教育敕語》等國家神道儀式。1893年，日本文部省告示各級學校在舉行節慶祭祀儀式時，必須唱頌揚天皇的《君之代》。該歌最早見於平安時代的《古今和歌集》，大意為："千代八千代，卵石變巨石，石上滿青苔，天皇永相傳。"1880年，宮內省樂師林廣守作將其譜成歌曲。1888年日本海軍省將《君之代》作為"大日本禮式"正式向各國頒佈。由於其歌詞中所包含的尊崇天皇的思想，明治政府便將其納入學校教育中，並隨着時間的推移，在事實上將其作為日本國歌來使用。

由於明治政府大力推行國民教化政策，使得尊崇天皇成為人們日常言談舉止的嚴格規範。1878年，日本陸軍卿山縣有朋發佈《軍人訓誡》，要求軍人必須把天皇奉作"神"，必須以"武士道"作為軍人

明治天皇主持日本憲法頒佈典禮

精神之根本。

維新派還在擴大皇室財產方面為天皇樹立威嚴。1882年，明治政府根據岩倉具視的建議，決定正式設立皇室財產。1872年，皇室的土地僅為1,000町步（每町步約15市畝），可到90年代，天皇的土地一下躍升到365萬町步，其範圍遍及北海道以及17個縣。另外，天皇還擁有礦山和大量的貨幣財富。

1889年頒佈的《大日本帝國憲法》更把天皇至高無上的地位和其所擁有的絕對權威用法律形式確定下來，規定"大日本帝國由萬世一系之天皇統治之"；"天皇神聖不可侵犯"；"天皇為國家之元首，總攬統治權，並依憲法之條規行使之"；"天皇召集帝國議會，命令其開會、閉會、休會和解散眾議院"；天皇擁有"統率陸海軍"，"宣戰、講和及締結條約"，"任免文武官吏"的權力。事實上一切國家統治的大權都在天皇手中，內閣由天皇任命，對天皇負責，而不對議會負責。議會通過的法令須經天皇批准方可實施。軍隊不受內閣、議會的節制，直接歸天皇統率。隨憲法一起頒佈的還有一個《皇室典範》，其中制定了有關皇位繼承、攝政存廢以及皇族會議等制度，使皇室在政權機構中擁有相對的獨立性。這樣，明治政府通過制定這部名為君主立憲，實為天皇專制的明治憲法，確立了以天皇獨裁為特徵的日本近代天皇制。

在日本明治初期，消滅了幕府的殘餘勢力以後，以明治天皇為首的新政府提出了"富國強兵、殖產興業、文明開化"的三大政策。但要實現這些目標，新政府的首要工作是改變諸侯割據的局面，實現"中央集權"。1869年3月，明治政府以諸侯領地係德川幕府所授的名義，首先要求薩摩、長州、土佐、肥前四藩的藩主將領地交還天皇，然後再由天皇重新封授。各藩只好照辦，只是版籍交還以後，天皇將藩主任命為"藩知事"。這當然不僅僅是名稱的改變，而是藩主變成了朝廷任命的地方官。兩年以後，

明治皇后

天皇將全國的56個大藩的藩知事召集到京城，宣佈了“廢藩置縣”的敕令。聽到敕令，這些蒙在鼓裡的“藩知事”們只好接受事實。藩王的特權被解除了。

統一了政令，實行了中央集權，幫助過天皇奪權的武士們突然變成了政府的負擔和累贅。於是天皇又立即廢止了武士可以隨身攜帶武器的特權，既而又頒佈了“徵兵令”，把武士壟斷軍人職務的特權也一併廢除。中央集權得以鞏固和加強。

明治維新後日本迅速推行西方教育制度，培養了全體國民的近代意識，形成了天皇近代改革的巨大支持力量，亦保證了天皇權威的落實。

中日戰爭和日俄戰爭

中日甲午戰爭是明治軍事建設成就的一次全面檢閱，明治信心十足地主持了這場戰爭。他果斷地下令日軍於1894年7月25日對執行完平定朝鮮國內局勢而停泊在豐島附近的清北洋艦隊發動了海盜式的偷襲，取得初捷後，便極盡顛倒黑白之能事，誣陷中國“更派大兵於韓土，要擊我艦於韓海，狂妄已極”，美化日本“欲以維持東洋全局之和平”，並“欲以武力達其慾望”。詔書最後宣稱：“事既如此，朕雖始終與和平相終始，以宣揚帝國之光榮於中外，亦不得不公然宣戰，賴汝有眾之忠實勇武，而期速克和平於永遠，以全帝國之光榮。”明治天皇把大本營遷往廣島，為的是更親臨戰區，更便於直接指揮。從9月15日下午5時20分，明治天皇到達廣島，到第二年4月戰爭結束，中日簽訂《馬關條約》，明治天皇親自督戰達225天。他關心戰爭的每一細微的進展，哪怕是他睡着了，也希望下屬能把最新的戰況在第一時間傳達到他的耳朵裡。為了全力指揮戰爭，明治拒絕了讓皇后和女官來軍營服侍他的建議，自己照料自己的生活起居，甚至學會了反剪雙手用毛巾搓後背的沐浴方法。這時，明治天皇剛42歲，可謂精力充沛、年富力強之時，他在大本營的這些作為，對日本軍隊瘋狂擴大侵略戰爭無疑起了巨大的激勵作用。日本以戰爭的全勝和《馬關條約》的豐厚回報成就了明治天皇的一大“偉業”。

日本在中國攫取的巨大利益立即引起了其他列強的失衡，在俄、德、法的干涉下，日本很不情願地“退還遼東”。日本面對這“千古未有之大辱”，開始默默地把矛頭指向了俄國。日本政府制定了十年擴軍計劃，現役軍人從7萬人增至15萬人，艦艇總噸位從6萬2千餘噸增至26萬4千噸。全部擴軍預算約2億8千萬日元，其中約近2億來自清政府的賠款。經過多年的“臥薪嚐膽”，日本的軍力有了迅速增強，其陸軍與沙俄遠東地面部隊大體旗鼓相當，其海軍與沙俄遠東艦隊為十比七，略佔據了優勢。進入90年代，日本與沙俄在遠東的矛盾日趨加劇。俄國力圖在遠東進一步擴大影響，侵及日本的利益。明治天皇打算再以犧牲自己在東北的利益，而讓俄國承認其在朝鮮的利益的基礎上與沙俄談判，但未得到沙俄的答覆，顯然沙俄沒有意識到日本迅速壯大的實力。談判破裂意味着戰爭的不可避免。明治天皇在1904年2月

4日拂曉，匆匆地把伊藤博文召入皇宮寢室，為接着將召開的對俄作戰的御前會議緊急召見伊藤博文以商討對策。伊藤給了明治正面的激勵，明治對俄開戰的信心更足了。3月6日，日本宣佈與俄斷交。儘管他曾對戰爭的結局不甚有把握，他還是把自己推到了戰爭的邊緣上。

Huit pages : CINQ centimes

Le Petit Parisien

SUPPLÉMENT LITTÉRAIRE ILLUSTRÉ

DIRECTION: 18, rue d'Enghien (10e), PARIS

L'ARMÉE JAPONAISE

日俄戰爭中的日本陸軍

在日俄戰爭期間，日本面對的是較大清強得多的強大俄國，明治天皇再一次顯示了自己的"偉業"。他雖已患上了糖尿病，卻依然以全部精力關注戰爭的進程，甚至直接出面干預作戰計劃的制定和人事的變動。譬如在決定由誰擔任滿洲軍總司令這一問題上，論資歷和名望，眾推山縣有朋，而明治天皇則力推大山岩將軍。大山岩問其理由時，明治回答說："山縣為人苛細，諸將往往敬而遠之。"在是否繼續留用乃木希典問題上，更可以看出明治天皇對其部將的了解。乃木希典出身於長州一個武士家庭，自幼深受武士道精神的教育。他的父親曾讓他在冬天到戶外用冰水沐浴，夜間去刑場看劊子手殺人，以此來磨練他的意志和膽量。在明治政權建立的過程中，乃木希典作為天皇的"親兵"英勇善戰，22歲便晉升為陸軍少佐。在此後長達四年的軍旅生涯中，已將武士道精神滲入到骨髓的乃木希典，對天皇"純忠至誠"，"一意奉上"。但一次作戰失敗後，他想以拔刀自殺向天皇謝罪。明治非但沒有給他處分，而且還恩寵有加，讓乃木希典感戴不已，後來乃木希典終於在對俄的關鍵戰役中以誓死不歸的精神，抬着棺材上戰場，終於在 1905 年 1 月 1 日迫使俄軍投降。通過日俄戰爭，明治天皇作為日本民族英雄的地位變得更加穩固。

溯源篇 Source

歷史對於一個民族既可以是寶貴的財富，也可能變成巨大的包袱，如何對待本民族的傳統往往成為一個民族存亡興廢的關鍵。在封建時期的中國，中華文化創造了巨大的輝煌，這不僅建立在對本民族傳統文化的繼承上，同時也以廣納百川，有容乃大為前提。可是進入近代，或許是中國人太多地沉醉於已有的輝煌，或許是中國人失去了了解外部世界的機會，中國人容納外來文化的氣量卻變得越來越小，對本民族的自信心也在這種封閉中日益喪失，中國像一個曾經輝煌過數代的貴族，總是在被別人打了之後，卻皆以“被龜孫子打了”以自慰，這種思想的堤防竟變得那樣堅固，以至無數先哲的艱辛探索、無數英烈的殷紅鮮血都難以給這個民族以足夠的警醒。日本民族卻始終抱定擇善而從的心態對待着自己的和外來的各種文化，不斷地迎來自己發展壯大的新天地。看來心態的調整實在是民族命運的一根重要尺規。

“文化優越”光環下的積弱

國門洞開

經過資本主義洗禮的西方列強很快積蓄起了向外擴張的巨大驅動力，他們憑藉着自己的堅船利炮，不遠萬里，來到東方，先是逼使東方人與之開展貿易，但貿易的逆差卻讓他們失望，他們不惜以罪惡的鴉片來攫取東方人的銀圓和身心，不惜以強盜邏輯和血腥戰爭強加於東方人，東方人蒙受了無限的屈辱。是在被動中贏得主動，還是任人宰割，這成為東方各國必須面對的時代主題。

在西方列強發展壯大之前，東方各國奉行鎖國政策，鎖國政策建立在自身文化優越的理念之上。因為就東方各國內部來説，總的局面是和諧的。它們依然維持着自給自足的小農經濟形態，各自孤立發展。就中國明清兩代而論，“禁海”是基本的國策，明洪武十四年（1381年），明廷嚴禁人民造三桅以上大船下海外貿。建文四年（1402年），永樂皇帝登基詔書重申海禁，翌年，下令將民間海船“悉改為平頭船”，使其不能遠航。清順治二年（1645年）為防範鄭成功海上勢力，“詔徙沿海居民，嚴海禁”。順治十八年（1661年），為孤立鄭氏更頒佈“遷界令”，禁止一切船舶出海。

道光二十年（1840年），歷來不被清統治者放在眼中的“英夷”卻成了清王朝的致命挑戰者。英國人通過堅船利炮迫使“天朝”皇帝不得不批准了喪權辱國的《中英南京條約》，不情願地開放了中國的大門。隨後法國、美國等列強也接踵而至，從中國攫取了與英國享有的同樣特權，給中國套上了條條奴役性的侵略鎖鏈，開始將這個文明古國拖向半殖民地的泥潭。咸豐元年（1851年）爆發於廣西的太平天國農民起義持續了14年，起義軍曾佔據半個中國，一度進攻到北京附近，直到咸豐帝死於避暑山莊，中國東南部仍是烽火連天。咸豐十年（1860年）英法聯軍竟攻佔北京，圓明園大火剛剛熄滅，清政府又被迫向英、法、美、俄等國出賣大量特權，甚至割讓了大片的領土。在列強的幫助下，總算將太平天國起義鎮壓下去。小載湉出生前後的這幾年，他的父輩和在政變後垂簾聽政的西太后終於取得了一個喘息的機會，認為"心腹之患"已除，開始做着"同治中興"的幻夢。

第二次鴉片戰爭的結束，是以清政府分別同英、法、俄等國簽訂不平等的《北京條約》等為代價的。中國半殖民地的雛形在步步加深。載湉出生之後，侵略者的魔爪已伸向中國的邊疆，從而打破了"中外和好"的幻影。與此同時，以"反洋教"為主的反侵略鬥爭星火，正在各地蔓延。因此，到小載湉出生後，清王朝的統治正在面臨新的危機。

左宗棠

當西方一些主要資本主義國家又在全球範圍內掀起"奪取殖民地的大高潮"時，衰弱的中國遂成為其擴張的主要目標之一。列強從19世紀70年代以來，便加緊從友鄰國家向中國沿邊地區擴張，致使中國邊疆"狼煙"四起。繼同治十三年（1874

年），日本武裝侵犯中國臺灣之後，英國通過“馬嘉理案”逼迫清政府簽訂《中英煙臺條約》，又把侵略的觸角伸入到中國西藏、雲南、青海、甘肅等邊遠省區和內陸。此前此後，乘清政府無力西顧和新疆等地民族起義的動蕩形勢，中亞浩罕軍事貴族阿古柏，竟悍然佔據南疆和北疆部分地區，並成立了所謂“哲德沙爾”國。不久，沙俄也乘機侵佔我新疆重鎮伊犁城。從而，中國“四面楚歌”，清政府的“撫局”已成為投降主義代名詞。在光緒二、三年間，左宗棠率軍相繼克復新疆各城，維護了祖國的主權領土的完整。然而在沙俄的要挾之下，到光緒七年（1881年），中國又總算以割地賠款損失許多權益的沉重代價，從沙俄手中索還了伊犁。早在同治十二年（1873年），法國侵略者便已侵入越南河內。儘管一再受到中國劉永福黑旗軍的沉重打擊，但其侵佔越南並以之為跳板，進而向中國西南和東南沿海擴張的企圖卻未終止。到光緒八年（1882年）十月，直隸總督兼北洋大臣李鴻章卻與法國駐華公使簽訂備忘錄，初步確定中國撤退駐越武裝，法國“保證”不侵佔越南土地和不貶削越南王的權利，並開放保勝為商埠等。但時不過半載，法軍卻又擴大侵略，到光緒九年（1883年）秋，便將其侵略的矛頭更加露骨地指向了中國。法國一邊繼續向越南調兵遣將，迅速向越南北部推進，一邊利用外交手段向清政府進行訛詐，力圖在軍事壓力下逼使清政府滿足它的一系列侵略要求。於是，已在中國邊疆燃起的狼煙又日趨擴大。中國不能再這樣下去了，中國人必須用一種新的思路來擺脫這樣被動捱打的局面了。可是一直強調整體思維的中國人卻長久地不願在體制的變革上下功夫，總是游離於枝枝節節的模仿上，有的人甚至是裝裝腔、作作勢而已。既得利益者已形成了一個巨大的保護網，想在一個細節上動刀子，就可能引起整個網路的抵抗。於是，中國人頻頻在夷患面前無所作為，頻頻在夷患面前喪權辱國，頻頻在夷患面前割地賠款。

危機的加深

1894年7月23日，日軍佔據朝鮮王宮，挾持國王，扶植起傀儡政權；傀儡政權隨即宣佈與大清國斷絕外交關係，並由日軍驅逐大清軍隊。在名義上取得"合法性"以後，日本海軍在7月25日突然對朝鮮牙山口外豐島附近的大清國海軍運兵船發動襲擊，致使"高升"號中彈起火，千餘名清軍遇難。7月29日，日軍對駐守牙山的清軍不宣而戰。雖然光緒帝在8月1日頒佈了宣戰上諭，但是在如何打的問題上清政府內部依舊爭論不休。主動進攻的一方目標明確，被動防禦的一方意見分歧，是中日戰爭爆發時的最顯著的特點。最後，清軍才確定了以京畿、奉天、平壤為重點的防禦體系。但為時已晚，9月17日，日軍開始對平壤發起攻擊，清軍將領左寶貴戰死，葉志超棄城逃跑。清軍的倉皇和不堪一擊由此可見一斑。9月17日，在黃海，由日本海軍中將伊東佑亨率領的聯合艦隊對

鄧世昌

大清海軍提督丁汝昌率領的北洋艦隊發起攻擊。經過五個多小時的激戰，雙方各有損傷。雖然日軍首先撤離戰場，但是北洋水師的"致遠"艦管帶鄧世昌、"經遠"艦管帶林永升等海軍將領壯烈殉難。此役之後，北洋艦隊退居威海衛，痛失黃海制海權。

1895年2月，日軍水陸夾擊威海衛。2月初，威海衛陷落，守劉公島的北洋水師雖有抗擊，但終因

“鎮遠”號的主錨

勢單力孤和外籍顧問、部分將領的逼降致使丁汝昌飲毒自盡。至此，北洋艦隊全軍覆沒。恭親王等見淮軍擋不住日軍攻勢，又想搬出湘軍來扭轉敗局。於是有劉坤一率領的6萬湘軍出戰山海關。2月下旬，一群對內的驕兵悍將曾對佔領海城的日軍實施四次反攻，但全都無功而返。事實證明，湘軍比淮軍強不了多少，山海關外的一役，孤注一擲的清軍重蹈慘敗之轍。3月初，日軍向牛莊發動進攻，六天內連陷牛莊、營口、田臺莊，清軍全線潰退。

中日甲午戰爭以“小日本”的全勝而告終，大清國又失敗了。這其中不僅存在清王朝軍力由強向弱的轉變，而且也包括了其中任用官員，處置官員的不當，軍官中多有膽小逃脫之人傷害士氣等因素。光緒帝在甲午戰爭中走到了與明治天皇最近的位置，但他卻既不能嚴懲消極對待戰事的李鴻章，又沒有處治倉皇逃跑的方伯謙，作為書生的光緒顯然沒法與受過武士道精神訓練的明治對抗，況且光緒此時才23歲，顯得年輕氣盛卻不夠沉穩，而明治此時是42歲，成熟而不乏充沛的精力。甲午戰爭成了窺視中日國力的一個窗口，中國這個天朝大國的形象神話再度被“小日本”給打破了。

接着外患又不斷襲來，德國強佔膠州灣是列強爭相分割中國的信號。侵佔膠州灣是德國蓄謀已久的計劃，中日甲午戰後德國加盟由俄國主使的“三國干涉還遼”，就是為了在抑制日本的同時趁火打劫地擴大本國在華的權益，而侵佔膠州灣就是具體目標之一，藉口是所謂“巨野教案”：光緒二十三年（1897）十月初七深夜，兩位德國神甫韓理加略和能方濟被殺。遇到這樣的事情，清朝地方政府也是非常謹慎的，為了平息事端，他們搜盡了各處，不惜擴大打擊面地多抓了一些無辜百姓，有的還處了極刑。但德國方面認為這是它撈取好處的絕佳時機，於是德皇威廉二世馬上命令其遠東艦隊“立刻開往膠州灣，佔據該地，並威脅報復，積極行動”。德國還希望以談判簽訂條約的形式把侵略活動合法化。在光緒二十四年（1898）二月十四日，雙方正式簽訂了《膠州租界條約》。德方的代表是駐華公使海靖，中方的代表是總理衙門大臣李鴻章，翁同龢、張蔭桓參加了談判。條約是這樣的：

一、中國政府允將膠州灣包括南北兩岸陸地租於德國。租借地內的主權歸德國，不得轉租他國。中國兵商各船往來，均照德國所定各國往來船舶章程一律對待。

二、租借期先以99年為限。如租期未滿之前德國自願歸還中國，則德國在膠州灣所用費項由中國償還，並將另一較比相宜之地讓與德國。

三、自膠州灣水面潮平點起，周圍100華里（50公里）之陸地劃為中立區，主權歸中國，但德國軍隊有自由通過之權。中國政府如有“飭令設法等事”，以及派駐軍隊等，必須先得到德國允許。

四、中國允許德國在山東建造鐵路兩條：其一由膠州灣起經濰縣、青州、博山、淄川、鄒平等處至濟南及山東邊境，其二由膠州灣往沂州經萊蕪至濟南。在鐵路兩旁各30華里（15公里）內，允許德人開挖礦產。

五、以後山東省無論開辦何項事務，或需外資，或需外料，或聘外人，德國商人有儘先承辦之權。

可見，還不僅僅是一個侵佔膠州灣的問題，德國通過劃陸地“中立區”、建築鐵路和開採礦產以及優先承辦該省所開辦的各項事務等規定，更把山東劃為了它的勢力範圍。德國開創的這一先例被其他列強所援引，俄國緊隨其後，於是有了《續旅大租地條約》，東北成了它的勢力範圍。法國租借廣州灣，劃雲南、廣東、廣西為其勢力範圍。英國則租借威海衛形成與俄國的對峙局面。

確實是“外釁危迫，分割洊至”啊！清朝廷過去一向希望以“以夷制夷”的辦法策動一國或多國反對另一國，當時還有人認為可以用收買英、俄或俄日的辦法來打擊德國。事實表明這些侵略者都張着血盆大口，最終仍是想在瓜分中國中多得利益。

時局圖。表明了 19 世紀 20 年代西方列強瓜分中國的形勢

洋務運動

說清政府完全無所作為顯然也是有失公允的。在西方列強的船堅炮利面前，清朝統治者也在尋求着擺脱這種局面的途徑。洋務運動

（又稱“同光新政”）是由主張依靠外國援助開辦近代軍事工業的恭親王奕訢及曾國藩、李鴻章、左宗棠為代表的“洋務派”官員發起的。他們以“自強”、“求富”為由，採用西方列強的生產技術，創辦了一系列機器製造局、礦務局、織布局、電報局等企業，並形成了一定規模，也為中國近代資本主義發展壯大了力量。

洋務運動的起始，大概應該從咸豐十年底（1861年初）為辦理洋務而成立總理各國事務衙門來計。這一新立衙門的主管大臣就是被人們稱為“鬼子六”的恭親王奕訢。洋務派並非在嘴上辦“洋務”，而是大力引進西洋機器設備和聘請外國人擔當顧問。

咸豐十一年（1862年），附設於總理各國事務衙門的“京師同文館”創辦。創辦之初，同文館只設英文、法文、俄文三班，並且專收14歲以下的八旗子弟入學。同文館是最早的洋務學堂。由此可見議政王奕訢對洋務和溝通外部世界的重視。同治二年（1863年），當時江蘇巡撫李鴻章在上海開設“廣方言館”（又稱“上海同文館”），招收14歲以下文童，學習外語和自然科學。同治四年（1865年），李鴻章在南京創辦製造槍炮子彈的“金陵機器製造局”；同年，曾國藩和李鴻章在上海創辦“江南機器製造總局”。同治五年（1866年），閩浙總督左宗棠在福建創辦以“求是堂”為名的海軍學校，後改名為“船政學堂”；同年，左宗棠又在福州創辦機器造船廠“馬尾船政局”。同治六年（1867年），曾任三口通商大臣、後署直隸總督的崇厚在天津創辦“軍火機器總局”；同治九年（1870年）由李鴻章接辦，改名為“天津機器製造局”。同治十一年（1872年），李鴻章籌辦輪船航運企業“輪船招商局”；次年正式成立，在上海設總局，分局分別設於煙臺、漢口、天津、福州、廣州、香港及海外的橫濱、神戶、呂宋。同治十三年（1874年），北洋大臣李鴻章提議建立北洋水師，隨後開辦

光緒年間生產的後膛槍炮

北洋水師學堂，訂購鐵甲艦，修築旅順、威海衛軍港。光緒三年（1877年），四川總督丁寶楨在成都設立四川機器製造局；同年，李鴻章派唐廷樞在灤州籌辦開平礦務局。光緒四年（1878年），左宗棠在蘭州創辦機器棉紡織工廠"蘭州機器織呢局"；同年，李鴻章委鄭觀應創辦機器棉紡織廠"上海機器織布局"。光緒六年（1880年），李鴻章在天津設立電報總局。光緒七年（1881年），唐山胥各莊鐵路完工。光緒十四年（1888年），北洋艦隊編成，共有艦隊二十二艘，其中的鐵甲艦有九艘。光緒十五年（1889年），張之洞上奏請建盧漢鐵路；同年，盧漢鐵路開始籌辦。光緒十六年（1890年），由兩廣總督調任湖廣總督的張之洞將原在廣州籌辦的槍炮廠移至湖北漢陽，為"湖北槍炮廠"，即"漢陽兵工廠"的前身；同年，張之洞將原在廣州籌辦的織布紡織局的機器遷至武昌，設"湖北織布局"，後擴建紡紗、繅絲、製麻三局，總稱“湖北紡織四局”；同年，張之洞在漢陽設煉鐵廠，在大冶開辦鐵礦。

從1861年到1890年，將近30年的時間裡，大清國洋務派的官員們摹仿西方，引進西方列強的機器設備和技術，創辦了為數不少的機器廠、煤礦、鐵礦、紡織廠、造船廠等。一時間，辦洋務成為一種社會趨勢，從而形成了“運動”。但是洋務運動並沒有挽救大清國，也沒能使大清國走向富強和步入西方列強之列。回顧這段歷史，洋務派接過了林則徐、魏源等“師夷長技以制夷”的大旗，學西方人的造炮技術，學西方人辦實業，雖然表面上武裝起來了並不亞於西方的艦隊，士兵們也決不缺乏勇猛和頑強，但一旦施之於實務，卻經常是灰飛煙滅，“落得個白茫茫大地皆乾淨”。“自強”、“求富”的目標是一代代華夏兒女的夢想，但一次次被帝國主義的槍炮給打得粉碎。清政府的無措暴露了政治體制的根本問題，振興華夏不能再停留於枝枝節節的小修小補上，而應該是全方位的徹底變革。首先是官督商辦的體制雖然起初以“官”保“商”，但後來卻越來越成為“商”的束縛因素。清政府不會對西方的公司制度和銀行制度體系感興趣，因而它也不可能允許近代企業制度的建立。其次清政府雖然建立了總理各國事務衙門這種名義上以辦理對外通商和交涉為主要業務的機構，但該機構的負責人奕訢卻處處得視慈禧的臉色行事。要跟上世界潮流，像日本由明治政府那樣直接領導，設立內務省、大藏省、海軍省、陸軍省、文部省、農商務省、遞信省、鐵道局等部局全面有序地開展改革，這對於安富尊榮、欲維持垂簾統治於不敗的慈禧而言，是無法邁開這一步的。她寧願循着祖宗的思維，把自己的生日過得更隆重些，以顯示她的福氣；她寧願大臣們拜服於她的膝下，恭順地領命，恭順地受爵，恭順地謝恩。面對西方列強的侵略企圖和侵略行動，慈禧總是動之以

“天朝上國”的威嚴，在需要鎮壓太平天國時不惜借洋人之威，而在洋人阻止她隨意處理光緒時，她又不惜想用義和團來對付洋人。慈禧對夷患始終就沒有一個清醒的認識。儘管她常常被洋人攪得難以安寧，甚至被英法聯軍趕出京師，儘管她也經歷過洋人一次又一次割地賠款的條約式強加，總是讓李鴻章為之承擔罵名，她卻始終不願正面思考大清的未來，不願尋求長久擺脫這種困境的途徑。連時常來考察大清政局的日本藩士們都在為東方大國承受如此屈辱而扼腕的時候，暗暗地詛咒着這個該滅亡的王朝，暗暗地自勵着滅大清，稱霸東亞的野心。到底如何才能重振中華帝國的雄風，中華志士們一刻也沒有放棄尋找強國道路的努力，可為什麼屢有興革，卻屢不見效呢？

曾國藩

清朝中央機構與職官表

部類	主要官職	品級
內閣	大學士	正一品
	協辦大學士	正一品
	學士	從二品
	侍讀學士	從四品
	侍讀中書	正七品
軍機處	軍機大臣	
	軍機章京	
六部	尚書	從一品
	左右侍郎	從二品
	各司郎中	正五品
	各司員外郎	從五品
	主事	正六品
六郡	筆帖式	
理藩院	管理院務	
	大臣	
	尚書	
	左、右侍郎	
	主事	
	筆帖式	
都察院	左都御史	從一品
	左副都御史	正三品
	六科給事中	正五品
	十五道監	從五品
	察御史	
總理各國事務衙門	總理各國事務親王、郡王、貝勒	
	大臣	
	大臣上行走	
	總辦章京	
	幫辦章京	
	章京	

“和魂洋才”謙卑中的開拓

■ 培里叩關

日本是一個頗能吸收外來文明的國家。歷史上曾經歷過三次大規模的吸收外來文化的大潮。日本曾長期追隨中國文化，隋朝時聖德太子就大量派遣使者來中國學習，隨即在日本採用中國曆法，提倡儒家學説。到唐代，凡政治、經濟制度到生活方式、物質文化製品，乃至唐詩這種純粹中國文學的表現形式，日本人都能模仿到以假亂真的地步。廢除氏姓制度，劃分行政區域，實行戶籍登記，模仿租庸調制。甚至天皇之有年號，也從大化開始。中國的民族節日如端午、七夕、重九也照搬不誤。更值得一提的是694年，日本遷都於藤原京(今奈良縣境內)，但僅過了16年，藤原京便被放棄，而再度播遷於平城京。據説是因為日本人當時傾心學唐，藤原京就是模仿唐長安城而建，因當時沒得到像大明宮等新建築的準確資料，只是輾轉從新羅獲得了有關資訊，等到遷都後十年，一批遣唐使回國後總覺得藤原京不像長安，於是便不惜人力物力，重新建了一個更像長安城的平城京。

到了近代以後，西洋文明漸漸衝擊着東洋文明，日本民族開始面對着新的選擇。他們中有些人提出了與歐美人通婚以此改變日本人低劣的人種，以英文代替日文的全盤西化策略。他們對於歐美文化的模仿又是不遺餘力。吃牛肉，撐陽傘，着西服，跳華爾茲。禁止男女混浴，不准隨地便溺。旱煙改成紙煙，束髮變作洋髮。為了讓達官貴

遣唐使船

人的一舉一動與西方紳士淑女一模一樣，還特意建造了一座維多利亞風格的鹿鳴館，一招一式地教，亦步亦趨地學。與此同時，開議院，頒憲法，翻譯西書，留學歐美，義務教育，開通郵政。不但行西人之所行，且以西人之是非為是非。

在這些表像之後，我們也看到日本民族一直高舉着"和魂"的大旗，進而廣泛而全面地吸收外來優秀的東西。正如有位學者所說的，日本人是把"外來的東西當飯吃"，結果他們消化了外來的東西，強壯了自己的身體，而中國卻喜歡把"外來的東西當衣服穿"，結果暫時抵禦了寒冷，自身的衰弱卻無法克服，遇有外來的武裝侵略，卻總是品嚐失敗的苦果。

就日本江戶幕府（又稱德川幕府）時期來說，"海禁"也是基本國策。早在16世紀後期豐臣秀吉即開始禁教，德川二代將軍以降，為了控制大名，竭力壟斷貿易，制止西方人帶來的天主教不斷擴大的影響，慶長十八年（1613年）發佈了天主教全國禁教令，驅逐天主教傳教士，鎮壓日本信徒。元和二年（1616年），將外貿口岸限定在平戶、長崎。寬永十年（1633年），強化始於慶長四年（1604年）的"絲割符制"，限制從明朝輸入白絲，以防日本白銀過量外流；同年宣佈，除官派"奉書船"外，嚴禁一切日本船隻出航海外，對外貿易幾近中止。寬永十年至十八年（1633—1639年），幕府五次頒佈限制外國船來航，禁止日本船出海的政令（"鎖國令"），不許日本人和外國人接觸，禁止建造大型船舶，日本船不得出海渡航，不准在海外的日本人歸國，潛逃者處以極刑。除中國、荷蘭可在長崎保持有限通商關係（1641年令荷蘭商館從九州西邊的平戶遷至長崎的出島），朝鮮可在對馬島進行小型近海貿易外，斷絕同其他國家的商貿關係。自17世紀30年代實行"鎖國"以來，雖在八代將軍德川宗吉（1684—1751年）執政的享保（1716—1735年）、元文（1736—1740年）年間對外域文化有所弛禁，鎖國體制一直延續到19世紀中葉。

閉鎖的國門被強行打開之後，外國殖民者並不甘願貿易長期入超的局面，他們不惜用罪惡的鴉片改變這種局面。清朝沒收英商鴉片使殖民者尋到了一個極好的發動戰爭的藉口，清政府在軍事上一下子被征服了。與清王朝夷患昌熾的境遇相彷，日本雖作為小的島國也並沒有幸運多少。從18世紀下半葉起，西方殖民勢力就紛紛向日本進行殖民擴張。自1764年至1854年的91年間，歐美國家到日本進行擴張的活動有52次之多。其中最多的是英國，其次是俄國、美國，最少的是法國。從各個時期來看，日本同西方列強的接觸、交涉和聯繫的次數如下：第一時期（1764—1793年），日本同俄國接觸2次；第二時期（1794—1823年），日本同俄國接觸8次，同英國接觸8次，同美國接觸3次；第三時期（1824—1854年），日本同俄國接觸7次，同英國接觸11次，同美國接觸11次，同法國接觸2次。西方列強雖各自懷有不同的具體要求，但是迫使日本開放國禁、開港通商，則是他們共同追求的目標。

培里叩關

美國這個後起資本主義大國於1803年7月曾派船到長崎，請求通商，遭到幕府拒絕。但美國殖民者為了國內經濟的起飛，特別需要在別國開闢原料產地，同時，美國是一個捕鯨大國，日本是其想蠶食的一塊肥肉。

1852年，美國政府任命培里准將為東印度艦隊司令，並委以實現日本開國的重任。培里以武力相威脅，希望日本政府承認其三項要求：一是保護在日本沿岸遇難或避風而停泊的美國船員的生命和財產。二是開放日本國內的某些港口，以供美國船隻補充燃料、用水、糧食或避難停泊；應在日本沿岸或其近海的無人島中，設置一處貯煤站。三是應開放日本的港口，以便美國船隻出售或交換裝載的貨物。他通告日本：在美國國勢繁榮和版圖擴大，與東亞關係日趨密切的今天，日本繼續保持鎖國是錯誤的；美國無意傳佈基督教；美國與英國毫無關係等等，以促使日本迅速開國。並命令：如果日本仍不答應開國，應以武力為後盾，表示強硬態度；至少也要達成保護遇難船員的協定。如果對日談判不順利，培里還準備佔領琉球和小笠原群島，並設置貯煤站。

培里對日本的研究至纖至悉，一步步逼使日本開國，到 1853 年 7 月14日，培里已把他的艦隊開到了江戶灣內，日本方面不得不派出浦賀兩為首的代表團接受美國的所謂國書，實際上是美國總統給日本天皇的威嚇信，即日本不開國將面臨戰爭的打擊。

幕府對這一變局的反映是遲鈍的，培里意識到立即得到答覆是困難的，於是暫時離開了江戶灣。但前敵剛走，沙俄又緊隨而來，沙俄與美國為了達到逼使日本開國的目的，迅速達成了聯盟。沙俄也重演美國國書故技，要求通商，並且就兩國領土作了條約上的規定。談判的結果是，在領土問題上，俄國主張擇捉島以北都是俄國領土，庫頁島只在南部大泊有日本人居住，歸於日本，以北皆為俄領土，日本主張千島是日本固有領土，雙方相持不下。關於通商問題，俄國主張開放大阪、箱館兩港，日本主張可以給俄國較別國優越的待遇。由於領土問題得不到解決，談判沒有成功。恰好俄與土耳其有克里木戰爭，俄暫時擱置了這一計劃。

培里隨後又插足其間，於1854年 3 月 31 日逼使日本簽訂了《日美親善條約》（即《日美神奈川條

日本官方接待美國使節

約》)，這是日本同外國簽訂的第一個近代的國際條約。該條約正文12條，附錄13條。主要內容是：日本向美國開放下田、箱館兩港；日本供應美國船隻煤、水、柴、糧食以及其他必需品；美國船隻在海上遇難時，日本要給予救護，對遇難人員要護送到下田或箱館，對遇難人員要給予優待、不得刁難；允許外交官駐在下田；給美國以最惠國待遇；等等。這樣，下田港就成為美國開闢橫渡太平洋航線的中繼站，箱館可作為美國在北太平洋捕鯨船的一個基地。

美國在逼使日本開國方面為別國提供了可惡的先例，1855年2月7日，《日俄親善條約》出爐。1856年1月30日，《日荷親善條約》也順生。它們各自得到了自己想要的，而日本則被迫失去了自己實在不願失去的利益。日本的國門被打開了，半殖民地的命運隨之降臨。

外國人在日本有自己的"居留地"，外國軍隊可以駐紮日本，外國資本可以控制日本國內的生產，日本的對外交流和貿易是增長了，但日本的獨立國地位卻日益失去。

在外患面前，執掌政權的幕府勢力卻不能順應時勢，及時作出應有的反應。唯各藩多少有些自強的政策，增強軍事和經濟實力，以備對付外來侵略，土佐和肥前兩藩曾注重登進人才，一些中下級武士中的代表人物逐漸在政治舞臺上嶄露頭角，但幕府獨裁統治不能容許各藩的強藩政策，處處設置障礙。於是，雄藩改革派與幕府保守派各成陣營，圍繞着"開國"和"將軍繼嗣"等問題展開了較量。雄藩改革派與天皇聯成一線，卻一時也不能與幕府勢力相抗衡，幕府開始了清算異己的血腥行動，反幕的公卿和改革派大名或被幽囚，或被免職，或被迫剃髮為僧，或受到斥責。各雄藩的家老或判死刑，或令其切腹，或被流放遠島。愛國志士如梅田雲濱死於獄中，西鄉隆盛被流放到大島，橋本左內、賴三樹三郎、吉田松陰等相繼被處死。日本也走到生死存亡的關鍵時刻，隨之而來的明治維新則把日本引向了自強之道。

"千歲丸"之行

雖然中日的開國均是被迫的，但是一旦開國之後，日本便顯示了積極主動的態度，它一方面派各路使團出訪，另一方面對古老的中國也加深研究。鴉片戰爭是日本有識之士認真思考的問題。自 1840 年起，大清國數十次戰役均告失敗，是因為軍力等各方面均不能與列強抗爭，終至納銀割地以求和，方得幸免。日本的幕府置身事外，但它很快便了解到"清國嚴禁鴉片通商不當，引起英國人不滿，派軍艦四

橫濱通商

十餘艘到寧波府發動戰爭，現已佔領寧波縣之一部”。他們覺得“此雖他國之事，但亦應為我國之戒也”。他們於1842年8月29日下令撤銷“異國船擊退令”，改行“薪水給予令”，即向外國船提供燃料、飲水、糧食後令其離開，並對遇難外國船施以救助，這恰與《中英江寧條約》的簽署是同一天，中日兩國不約而同地被迫修改了鎖國政策。中日堪稱“唇齒相依”的聯邦，在日本，有人倡言聯合中國以抗西洋，有人則聲言征服中國以圖日本強盛，從歷史發展看，日本走了後一條道路。幾乎可以説，從開國那時起，日本就在策劃着壯大自己、伺機滅亡中國的陰謀。

1862年日本“千歲丸”號的上海之行是日本出訪各國的重要組成部分，表明了尋求開國、維新之路的心跡，也反映了其學習西方、加快稱霸東亞的步伐的開始。因為上海是西洋人在遠東最重要的商業、交通、軍事據點，在此可以“觀新”。上海此時又是太平天國與清軍對抗的主要戰場，觀察太平戰事，或可了解清王朝病症之所在。上海之行還旨在實施兩國間的商貿往來。總之“千歲丸”上海之行是為了了解上海，進而了解中國社會的脈動。

“千歲丸”號為英國製造，但開來上海時船上懸着日本國旗，乘員中共有英國人 15 名，荷蘭人一名，日本人51名，其中又包括幕府官吏(幕吏)組成的使團正式成員，由各藩武士（藩士）擔任的幕吏隨從，還有醫生、翻譯、長崎商人及其從僕、炊夫、水手等。翻閱他們留下的日記，近代日本人求知識於世界的維新趨向和富國強兵的熾熱追求躍然紙上。

懷着旺盛求知慾和深沉憂患感的藩士，後來多投身幕末維新和明治維新，有的還成為挽狂瀾、創新機的著名歷史人物，如高杉晉作和五代才助（友厚）。

“千歲丸”到達上海之後，成員們的所見所聞對他們的思想產生了強烈的刺激。在上海華界與洋界（租界），他們見到“租界馬路四通，城內道途狹隘。租界異常清潔，車不揚塵，居之者幾以為樂土；城內雖有清潔局，然城河之水穢氣觸鼻，僻靜之區坑廁接踵，較之租界幾有天壤之異”。這種差異與其說是東西方民族文化之異，不如說是文明發展不同階段的差異，也即近代文明與中古文明的區別。上海以一隅之地，如此清晰地展示了兩個時代文明的差異，呈現了古今中西交匯的紛繁多歧場景，對來訪日人當然產生強烈刺激，開國維新的思想種子由此深植於藩士們的心田。

對於西方殖民者來到東方所產生的影響，日本藩士們的認識是兩方面的：他們既扮演着文明示範者、傳播者的角色，又從事着侵略和掠奪的野蠻活動。其實，日本和中國一樣都已被歐美列強強行打開國門，都已經歷了主權危機，共同處於民族國家的存亡危急之秋。所幸的只是西方列強把中國作為打擊和掠奪的重點，對日本的侵略尚未進入實質性階段。日本成員的感觸是沉重的。中國在兩次鴉片戰爭中遭受英國和法國沉重的軍事打擊，

1842年（咸豐八年）簽訂的《天津條約》、1860年（咸豐十年）簽訂的《北京條約》等均為"戰敗條約"，即"城下之盟"，中方除開放口岸外，還有割地賠款等條款。在開放口岸，西方列強享有種種特權，洋人儼然太上皇，君臨中國土地。如在上海，英、美、法三國僑民1853年在租界內成立義勇隊（萬國商團），修築防禦工事；1854年成立工部局，相當於租界政府，設置巡捕房；60年代後期還成立會審公堂（法庭），享有行政、司法大權。而日本是在沒有同歐美國家交戰的情況下，與之締結諸條約的，這是一種不同於"戰敗條約"的"交涉條約"，雖然也是西方強加給日本的不平等條約，但其中沒有割地賠款之類內容，在開港處，雖劃出洋人的居留地，但洋人在居留地享有的特權也不及上海租界。試以1858年簽訂的《日美和親條約》與《中英天津條約》加以比較，就會發現交涉條約與戰敗條約間的異同。

要點	《日美修好通商條約》1858.7.28	《中英天津條約》1858.6.26
1．基督教傳教	只限於簽約國國民	可向中國民眾傳教，並受清朝政府保護
2．內地旅行權	限制在居留地和散步區內	全國各地
3．外國軍隊干涉內政	無	英國軍艦可自由入港
4．外國人干預關稅行政	無	外國人任總稅務司職
5．支付賠款	無	有（北京條約已有規定）
6．割讓領土	無	九龍（北京條約已有規定）
7．居住區的外國人自治權	事實上沒有形成	租界工部局實施
8．鴉片貿易	禁止	附則中承認其合法性

總之，日本人在開國過程中面臨的主權危機不及中國嚴峻，藩士們看到昔日的"天朝上國"在洋人面前的屈辱，深深地引為自己的鑒

橫濱的英國商館

戒。特別是看到中國人在西洋人面前的卑怯，他們心中燃起的是昂揚的鬥志。

藩士們在與官員的接觸中認識到大清的內囊的空虛，窺視到了大清官員的粗鄙，因而也多生出“小覷”之念，他們甚至對中國人的圍觀也投以鄙視。

大清的敗落還體現在內部的戰爭中，太平天國正在動搖着大清的統治基礎，藩士們對此也特別關注，日本國內也存在類似的社會矛盾激化、起義不斷的現象。他們特別害怕中國的內爭會影響日本，產生示範作用，因而特別注重盡早謀求方略。他們花了較多的精力調查咸同之際的軍政格局，他們目睹了從“華洋會防”到“華洋會剿”的轉變歷程，清方借助洋兵助剿，只能背上更加繁重的軍費包袱，而洋兵則力求在助剿中攫取更多的財物，西方殖民勢力由此也急劇膨脹。藩士們對清廷屈膝西洋列強的行徑深不以為然，回國後他們紛紛投入到“尊王攘夷”的大潮中，高杉晉作曾於文久二年夏季歸國後感於西洋人對日本的逼迫而作《亡命書》，年底率伊藤博文等12人焚燒英國公使館，次年組織奇兵隊，抵抗長州藩的英法軍。這一系列行動自然是日本國內形勢的產物，但也是高杉晉作上海之行激發出來的民族主義情緒的爆發，他要以自己的實踐阻止日本重蹈清朝的覆轍。

藩士們為了避免日本也出現像中國這樣大規模的農民起義，也為了避免日本淪入外國殖民者瓜分豆剖的境地，積極主動地選擇了自上而下的、相對和平的改良道路。幕末維新和明治維新都是試圖以較輕微的震撼，來謀求社會轉型的實現，其辦法就是借助天皇的權威，井然有序地實現社會進步。

“千歲丸”的上海之行，也讓日本藩士們實現了對中華文化的重新審視，他們滿目是難民潮湧，遍到是鴉片氾濫，洋教肆行傳播，青樓遍及城鄉，日本人的中國觀開始由崇仰轉為鄙薄，脫亞入歐的思潮甚囂塵上。與之相對的則是“興亞”論，它力圖使自己凌駕於中國、朝鮮之上，自作盟主。山縣有朋在19世紀90年代更提出“主權線”與“利益線”，把侵略矛頭直指中國和朝鮮。可見，近代日本的中國觀的轉變，是以中國貧弱遭西方宰割的現狀為基點，激發日本國民富國強兵，以擺脫中國似的厄運；進而又從弱肉強食的理念出發，力主日本加入西方列強行列，參加對中國的瓜分豆剖，以後更發展為企圖獨佔中國。

面對日趨衰弱的清朝，日本藩士們除唇亡齒寒之感之外，武士道優越感也油然而生，甚至閃出征服中國之想，不過這或許在當時還不顯著。

小日本在外國侵略面前，迅速做出挽救危機的努力。幕府的倒行逆施激發了尊王攘夷運動的開展，策動這項運動的是一群下級武士，他們日益認識到幕府當權人物的真面目，並對雄藩大名的無所作為深為失望，從而率先投身於挽救民族危亡的鬥爭之中，形成了倒幕維新的新力量。

日本訪歐使團一行。大久保力通、伊藤博文、岩倉具視、木戶孝允

制海權之爭

在倒幕派取得勝利後，下一步該做什麼，新政府的成員心中無數。明治天皇接受了荷蘭顧問威爾貝克的建議，派遣政府高官去西方國家考察。另外，還要與西方國家修改不平等條約。1871年11月，日本政府派出以岩倉具視為正使的大型使團，人數多達百人，使團歷訪美、英、法、德等十多個國家，費時一年九個月。

由於修改不平等條約的談判處處碰壁，於是使節們把注意力更多地轉向考察西方國家。他們“目睹彼邦數百年來收穫蓄積之文明成果，粲然奪目，始驚、次醉、終狂”，思想上受到極大的震動，也

日本召開的修改不平等條約會議

更加堅定了他們向西方學習的決心。

在使團所到的國家中，德國的政治體制與日本相仿，因而受到了他們相當的重視。在德國考察期間，使團受到德國首相俾斯麥的接見。俾斯麥向他們講述了普魯士由弱國發展成德意志帝國的歷史，以此說明“方今世界各國，皆以親睦禮儀交往，然而皆屬表面現象，實際乃強弱相淩，大小相侮”。他這番公開倡導以強淩弱的講話給聽者留下了深刻的印象。

既然近代化是伴隨着對外的擴張而興起的，日本自通過明治維新走上近代化之路後，就謀劃着對外的擴張。它的最便利、最直接的侵略物件就指向了中國。從明治維新到甲午戰爭，並沒有很長時間。但它卻是全力發展經濟，發展軍工生產，不斷擴軍備戰。在短期內建立起來的資本主義近代工業體系，為它發動對外擴張的侵略戰爭提供了物質基礎。在慈禧太后和醇親王挪用海軍軍費修建頤和園而無錢增添艦船，也不再為艦隊購買槍炮彈藥的時候，明治天皇卻每年拿出薪俸的十分之一用於建造海軍艦隻。他們以“島國”的天然悟性和列強的對外擴張的歷程中得出結論，在早晚都會發生的中日戰爭中，制海權是一個決定性的因素。由此他們將大清帝國從德國購買的“定遠”和“鎮遠”兩艘火力強大的鐵甲艦視為實現遠東海上霸權的威脅和障礙，必欲除之而後快。他們不僅在練兵時將清軍當作“假想敵”，而且專門建造了對付“定遠”和“鎮遠”的三艘大艦——“松島”號、“岩島”號和“橋立”號。此外，日本海軍特別注重實戰效果。基於兵貴神速的考慮，他們又積極發展快速巡洋艦和在艦隻上添置速射炮。為了準備入侵，他們也不會忘記發展陸軍。到甲午戰爭之前，日本的陸軍已有七個師團，大約將近7萬人。如果加上預備役，它的總兵力達到23萬餘人。在中日戰爭爆發之前，日本的海軍實力已經達到或超過大清北洋艦隊的實力。這還僅僅是就裝備而言，如果算上戰爭準備、戰略戰術準備和精神準備，那麼大清國更是奇缺，大清的腐敗及其艦隊主要將領的錯誤指揮和不良心態，又在中日戰場的天平上為日方送上了一隻沉甸甸的砝碼。由於將大清國視為“假想敵”，日本軍方不僅頻頻以此進行軍事演習，而且派遣了許多間諜對大清國及朝鮮的政治、經濟、文化，特別是對軍事情況和地理環境作了廣泛和精細的刺探，先是明治七年（1874年）悍然侵略臺灣，接着是次年又進攻朝鮮，多次的嘗試使日軍在甲午戰爭一開始就知己知彼。開戰不久，伊藤博文就將戰時大本營移到距前線較近的廣島。對此措施，明治天皇不僅支持，而且親臨大本營，使日軍感覺戰爭是天皇親自指揮的，因此士氣大振。看看大清，列強的炮艦雖然幾次敲開它的大門，但它依然做着閉關鎖國的"天朝夢"，甚至於國難臨頭的時候，也還是"不知有漢，無論魏晉"。少數人的洋務運動，只是局限於眼前利益的軍事用場——大多用於增強自身集團的實力和穩固宦海中的地位，以自造的武器裝備對付國內的造反行動也許綽綽有餘，但對外作戰就讓人很難想像了。至於辦"洋務"所得的經濟效益，應該説是有限的，大概那只是供個人或某個集團來享用的。封建專制制度絲毫未變，政治、文化、軍事體制沿襲不變，僅僅搞些"洋務"不足以挽救從根上就要爛掉的大清帝國。

總之，日本民族的虛懷不僅表現在對外來先進文化的吸收上，還表現在對傳統文化的重新審視上。它既能為自身的逆境尋求新生的道路，又能從身邊的中國吸收捱打的教訓。於是它迅速實現了自身由亞入歐的轉變，迅速走向了民族新生的道路。日本民族不是把傳統看作是現成的和不變的東西，而是在不斷的創新中形成了自己"趨新應時"的新傳統。

日本內閣制度下各省技術政策相關部局（1899 年）

內務省	土木局
大藏省	造幣局、印刷局
陸軍省	炮兵會議、工兵會議、炮工學校、炮兵工廠、千住制絨所
海軍省	技術會議、水路部、造兵廠、橫須賀鎮守府工廠
文部省	工部大學、農部大學、東京工業學校、專門學務局
農商務省	山林局、礦山局、工務局、農務局、特許局、地質調查所、蠶絲講習所
遞信省	電信局、管船局、燈檯局、商船學校
鐵道局	

變法篇 Political Reform

變革政治即"變政"是維新派上下求索所得出的最後結論，日本的維新派通過變革政治取得了成功，中國的維新派力圖模仿日本，把中國從災難深重中解脫出來。在事件過後百年再重新檢視變革的過程，我們更容易理性地覺察到中國變革和日本變革的巨大歧異。人們普遍認為《明定國是詔》和《五條誓文》是中日兩國維新的綱領性文件和政治宣言，那就且讓我們解剖其中的細節。

百日維新

康有為的努力

日本明治維新後，中國官僚階層中產生了兩種情緒，一種是認為明治維新只不過是天皇奪取了將軍政權，這種政體不適合中國，他們甚至嘲笑日本人生活歐化。另一種則經過認真研究分析，產生了"以日為師"的願望。

康有為

黃遵憲、王韜、姚文棟、傅雲龍等人直接到日本訪問、考察，肯定了明治維新的意義，並通過各種方式介紹日本學習西方卓有成效經驗，為中國向日本學習創造了條件。

黃遵憲於1877年以參贊身份隨中國首任公使何如璋赴日本，他在公事之餘搜集日本歷史資料，特別是有關明治維新的政治、經濟、軍事、文化等資料，用九年時間於1881年完成《日本國志》一書，其目的就是給清朝統治者一個借鑒。

康有為對明治維新這樣評價："泰西（指歐洲）以五百年講求之者，日本以二十餘年成之，治效之速，蓋地球所未有也。然後北遣使以開蝦夷，南馳使以滅琉球，東出師以撫高麗，西耀兵以取台灣，於是日本遂為盛國，與歐洲德法大國頡頏焉……跡其至此之由，豈非盡革舊俗，大政維新之故哉？”因而康有為撰寫了《日本變政考》，於1898年5月至6月呈進給光緒帝，作為中國維新變法的指導。他說：“日本一小島夷耳，能變舊法，乃能滅我琉球，侵我大清，前車之轍，可以為鑒。”維新以後三十年，日本即能文明大辟，政法大備，成為強國，其作法就在於“大誓群臣以定國是；立制度局以議憲法；超擢草茅以備顧問；行尊降貴以通下情；多派遊學以通新學；改朔易服以易人心數者”。他認為：“我朝變法，但採鑒於日本一切足已。”康建議：“彼與我同俗，則考其變法之次第，鑒其行事之得失，去其弊誤，取其精華，在一轉移之間，而歐美之新法，日本之良規，將發現於我神州大陸矣。”他指出：“若中國變法，取而鑒之……其行而乖謬者，吾可鑒而去之；其變而屢改者，吾可直而致之……但收日人已變之成功，而捨

頤和園昆明湖

其錯戾之過節……按跡臨摹，使成圖樣。”他對維新變法滿懷信心，認為中國的人民、土地、物產均比日本多十倍，豈止事半而功倍呢？不妨以強敵為師。

可以說，戊戌新政是在反思中日甲午戰爭之後挽救大清統治的自然產物。思來想去，小日本之所以敗大清，就是因為它實行了明治維新，建立了君主立憲的政治體制。師夷制夷的思想再度被付諸實施。戊戌新政之所以能把思想變成現

梁啟超

實，是因為光緒帝終於“親政”，長期的傀儡皇帝生涯讓他憋足了一股氣，他越來越對慈禧抱有膩煩情緒，他越來越想以自己的政治否定慈禧的政治，哪怕慈禧把他的政治看作是頑皮，看成是惡作劇，能有自己的新東西是最重要的。恰好康有為有了這樣的新東西，就是師從日本，走維新改革之路。

康有為利用赴順天府鄉試的機會，發動公車上書凡六次之多，他關於變法維新的思想是系統化的，同時也體現出不斷深化的特點。譬如起先他認為一要“下詔鼓天下之氣”，二要“遷都定天下之本”，三要“練兵強天下之勢”，四要“變法成天下之治”。到光緒二十三年（1897年）冬間，德國藉口巨野教案出兵強佔了膠州灣，其他列強也紛紛擺開瓜分中國的姿態。康有為又第五次上書之事。上書開宗明義，是“為外釁危迫，分割洊至，急宜及時發憤，革舊圖新，以少存國祚”。他提出變法挽救之三策：一是“採法俄日以定國是”，二是“大集群才而謀變政”，三是“聽任疆臣各自變法”。尤其是言及“國事付國會議行”，“採擇萬國律例，定憲法公私之分”。康有為的反復上書無疑是對“中體西用”論的有力衝擊。頑固派以“祖宗之法不可變”來對抗康有為的維新主張，他們把康有為看成是“書生”，是“狂徒”，總想加以排斥，因為康有為的學說將直接威脅到安於現狀的朝野大臣們的利益。變革政治體制必然要動掉六部，必然要剝奪掉許多大臣的飯碗。康有為又有了第六次的上書，對“明定國是”予以特別的強調。他提出：“國是者，猶操舟之有舵，羅盤之有針。趨向既定，而後駛行求前，其有赴程或遲，不能速登彼岸，則或因風霧見阻，或責舟人惰勤。若針之子午無定，舵之東西遊移，即使舟人加力，風帆大順，而遙遙莫適，悵悵何之，甚且之楚而北行，馬疾而愈遠矣。”即“國是”是明確和把握基本方向之事，這是能成功進行變政的前提，離了它，就會迷失路徑，不能順利達到彼岸，甚至南轅北轍。

康有為提出要借鑒俄國彼得大帝的做法，特別是效法日本明治維新的措施，譬如“一曰大誓群臣以革舊維新，而採天下輿論，取萬國之良法；二曰開制度局於宮中，徵天下通才……為參與，將一切政事制度重新商定；三曰設待詔所，許天下人上書”。而這中間，又是以“設制度局於宮中”為樞紐的。按照康有為的設計，制度局作為指導全國變法的核心機構，總體負責將舊制新政斟酌其宜，就某些宜搞，某事宜增，草定章程，考核至當，然後交有關機構執行。而制度局中所用的“天下通才”，要不拘一格地選擢。

中國的戊戌維新是在康有為等與光緒皇帝建立聯盟後開始實施的。康有為覺得尋到了光緒，就是點燃了中國變革的希望之火。當他得知光緒接到他的上書並表示了首肯後，接連呈上了《俄彼得變政記》和《日本變政考》、《泰西新史攬要》、《列國變通興盛記》等書稿。作為君主，彼得“知時從變，應天而作，奮其武勇，破棄千年自尊自愚之習，排卻群臣阻撓大計之說，微服作隸，學工於英，遍歷諸國，不恥師學，雷動霆震，萬法並興。”光緒！您是不是也該效仿效仿彼得呢？顯然康有為希望的是光緒能做一個不折不扣的彼得。康有為是在給光緒帝注射興奮劑！

康有為還向光緒皇帝推薦了日本的明治天皇，他希望光緒學習彼得的心法，學習明治的治譜。康有為認為日本明治維新值得中國師法，明治亦依靠君權變法。

《明定國是詔》

光緒的自尊心顯然被激發，康有為的系統思維也給他描述出美好的藍圖。於是戊戌年的四月二十三日（1898年6月11日），光緒帝頒佈了《明定國是詔》，拉開了變法的序幕。詔書是這樣說的：

數年以來，中外臣工講求時務，多主變法自強，邇來詔書數下，如開特科，裁冗兵，改武科制度，立大小學堂，皆經一再審定，籌之至熟，妥議施行。惟是風氣尚未大開，論說莫衷一是。或狃於老成憂國，以為舊章必應墨守，新法必當擯除，眾喙嘵嘵，空言無補。試問時局如此，國勢如此，若仍以不練之兵，有限之餉，士無實學，工無良師，強弱相形，貧富懸絕，豈真能制梃以撻堅甲利兵乎？

朕惟國是不定，則號令不行，極其流弊，必至門戶紛爭，互相水火，徒蹈宋、明積習，於時政毫無裨益。即以中國大經大法而論，五帝三王，不相沿襲，譬之冬裘夏葛，勢不兩存。用特明白宣示，嗣後中外大小臣工，自王公以及士庶，各宜努力向上，發憤為雄，以聖賢義理之學植其根本，又須博採西學之切於時務者實力講求，以救空疏迂謬之弊。專心致志，精益求精，毋徒襲其皮毛，毋竟騰其口說，總期化有用為無用，以成通經濟變之才。

京師大學堂為各行省之倡，尤應首先舉辦。着軍機大臣、總理各國事務大臣會同妥速議奏，所以翰林院編檢、各部院司員、各門侍衛、候補候選道府州縣以下各官、大員子弟、八旗世職、各武職後裔，其願入學堂者，均准入學肄習，以期人才輩出，共濟時艱，不得敷衍因循，徇私援引，致負朝廷諄諄告誡之意。將此通諭知之。

擬定這份詔書的是翁同龢，推動這份詔書擬定的當是聚集在光緒周圍的一批維新志士。雖然這種維新思想早已在志士們心中明晰如

頤和園樂壽堂。為慈禧在園內的居住之地

鏡，卻是首次向全社會發佈的動員令，它要求人們放棄"守舊"思想，跟隨"維新"觀念，走日本曾經走過的維新路，目的就是要擺脫受欺淩的困境。

慈禧太后於當日接到該詔後，表示了贊同的意見。她對光緒帝說："變法乃素志，同治初即納曾國藩議，派子弟出洋留學，造船制械，凡以國富強也。"她也深為大清頻頻為外夷所患而苦惱，她何嘗不希望大清能有一個更威嚴的面貌，因為實際上她才是大清的實際執掌者，大清的振興實際上就是她的榮耀啊。不過，她鄙視日本"更衣冠，易正朔"的做法，認為這會得罪祖宗。但既然要謀新政，要圖強，慈禧是沒有理由不支持的。

光緒帝從慈禧那兒得到允准，其興奮之情是可以想見的。當然這其中可能有擬稿人翁同龢的運筆藝術，也包含了傳統士大夫階層治國平天下的政治抱負：變法已成為大勢所趨，不變法是行不通的，但若變法真的卓有成效，那就必須新學舊學相容，中學西學結合。其“以聖賢義理之學植其根本”是發自肺腑的，這樣的詔書容易在更多的人中引起共鳴是不難理解的，但遺憾的是這樣的詔書實際上沒能體現康有為等變革政治的意願，於是翁同龢和康有為的不諧從這時即已開始，其後更發展為相互疑忌，這直接影響了光緒與康有為和翁同龢的關係，為變法的進行加進了不和諧音。這是中國歷次變革中反復糾纏着人們的關於“體”和“用”的爭辯的繼續，戊戌維新不僅依然無法擺脫這種糾纏，且在這種糾纏中走向了死境。

無疑頒佈國是詔有它的積極意義，它以朝廷最高政令的形式宣明了變法的主導意旨，起到了為推行新政發軔的作用。梁啟超的總結是這樣的：“下此詔書，宣示天下，斥墨守舊章之非，着託於老成之謬，定水火門戶之爭，明夏葛冬裘之尚，以變法為號令之宗旨，以西學為臣民之講求，着為國是，以定眾向。然後變法之事乃決，人心乃一，趨向乃定，自是天下向風，上自朝廷，下自人士，紛紛言變法。蓋為四千年撥舊開新之大舉，聖謨洋洋，一切維新，基於此詔，新政之行，開於此日。”

詔定國是後的第五天，即四月二十七日（6月15日），政治氣候發生了一些變化：一是翁同龢被罷官了，理由是“近來辦事都未允洽，致以眾情不服，屢經有人參奏。且每於召對時，諮詢之事，任意可否，喜怒無常，詞色漸露，實屬狂妄任性，斷難勝樞機之任。”翁同龢第二天就離開了宮廷，關於他的被罷是受慈禧的脅迫，還是光緒本人就有這樣的意願，史料的記載不詳，留給了人們巨大的思考空間。我們在此也不妄作推斷。

二是榮祿升任直隸總督兼北洋大臣。李鴻章因甲午戰敗丟掉了北洋大臣的位置，本來接替他的是原雲貴總督王文韶。但此人政治上傾向維新，還曾捐助5,000兩銀子列名加入北京強學會。慈禧看不慣他，迅速讓榮祿取代了他，他被改任為戶部尚書，也就是翁同龢擔任過的一個主要職務。榮祿這時任直隸總督兼北洋大臣，還特別被賦予了統率北洋三軍的大權。北洋三軍指的是董福祥的"甘軍"、聶士成的"武毅軍"和袁世凱的"新建陸軍"。掌握了這個軍權，意味着掌握了國家的命脈，其導向足以決定維新的成敗。

榮祿

三是諭令規定授任新職的二品以上大臣，須到皇太后面前謝恩。這表面是一個禮儀問題，實際上是在昭示人們我慈禧才是你們的奶娘，你們只有對我效忠，才能維持自己的位置。慈禧收斂起了頤養的心態，又開始實實在在干預光緒帝的行政了。光緒帝親政的時代實際上已被宣佈結束了。在這樣的背景下，光緒帝的行動就變得無足輕重了。

就在翁同龢離開皇宮的時候，康有為被安排接受召見。據説此事是徐致靖老先生促成的，他不顧73歲的老體，於詔定國是的第三天上了一道薦賢疏，表明了其積極鼓動改革的願望。他説："臣伏讀本月二十三上諭，以國是不定，則號令不行，外察時局，內審國勢，斥守舊迂謬之見，求通經濟之才，此誠變通久之大經，轉弱為強之左券。臣以為不欲變法則已，苟欲變法，必廣求湛深實學博通時務之人而用之，而後舊習可得而革，新模可得而成也。"徐致靖推薦了五個人，第一個便是康有為，説他"忠肝熱血，碩學通才，明歷代因革之得失，知萬國強弱之本原”。另四人分別是黃遵憲、譚嗣同、張元濟、梁啟超。當時，黃遵憲、譚嗣同尚在湖南，張元濟在京任刑部主事、總理衙門章京，梁啟超則一在野之人。顯然徐致靖是受到慈禧支持態度的影響，對變法的成功預作了樂觀的估計，可能當時確有許多人都已做好了接受變革的準備，他毫無隱匿地表明了為變法鼓而呼的態度。正是在這種背景下，康有為走進了頤和園，得到了光緒帝的召見。

就在康有為被召見的前夕，榮祿意外地出現在康有為等待召見的住所，果決地給康有為潑了冷水，因為過去康有為的言論已經讓他非常不滿，現在他卻又有可能來影響皇帝，甚至他們還可能連成一體，直接把矛頭指向包括他在內的官僚隊伍，他的抵拒心理是不難探明的。可愛的是，此時康有為已經披上了皇帝的靈光，他向榮祿表明了堅決變法，決不退卻，遇到阻力，不惜殺幾個一品大員的態度。這是讓榮祿憤憤而難以平抑的，他先是搶在康有為之前去見了光緒，希望光緒不要為其言論所鼓惑。偏巧此時光緒整個腦子已被一系列的變法前景所充塞，他聽不進榮祿的絲毫勸阻，草草地把榮祿送了出來，他要為召見康有為提供便利。

康有為在預定時間由太監引領來到了光緒在頤和園的辦公地點仁壽宮。第一次見到皇上，小民的那種激動同樣在康有為身上表現出來，他在回憶中記錄了他對皇上的細緻觀察始末，其中充滿敬意是不用說的。很快他便開始切入正題。

談話是順暢的，因為光緒和康有為幾乎在許多問題上都有着一致或相近的看法，都認為中國的積弱是守舊派墨守陳規所導致的，為今之計就是要變法，這次變法要區別於過去的“少變”而應該是“全變”。康有為給光緒籌劃成立制度局以統籌變法的全局，光緒帝頷首稱是。康有為搬出泰西變法成功的事例，光緒帝稱讚他的條理詳明。康有為說如今您是皇上，立即把變法措施見諸施行才是正確的，光緒則說掣肘太多。康有為說是因為老朽之臣太多，他們又太看重自己的位置，因而惰性太大。講到興奮之際，康有為還列舉了科舉八股對教育的危害、描述了別國解決國家財政困難的諸多途徑。光緒帝似乎也越聽越體會出其中的趣味，遲遲沒有結束談話的意向。

這次召見使康有為得以系統全面地向皇帝闡述了變法的原則性認識和基本策略思想：既強調了變法乃至"全變"的必要性，又從現實出發，提出可先"扼要"變法以及大力擢用新臣而亦可保留舊臣職事，這樣既可使變法推行又可緩解變法阻力的策略措施。尤其值得注意的是，作出了"變事"與"變法"的理論區分，揭示了洋務運動與維新運動的本質差異。至於對廢八股這一具體事項的特別關注，則不僅

頤和園仁壽殿

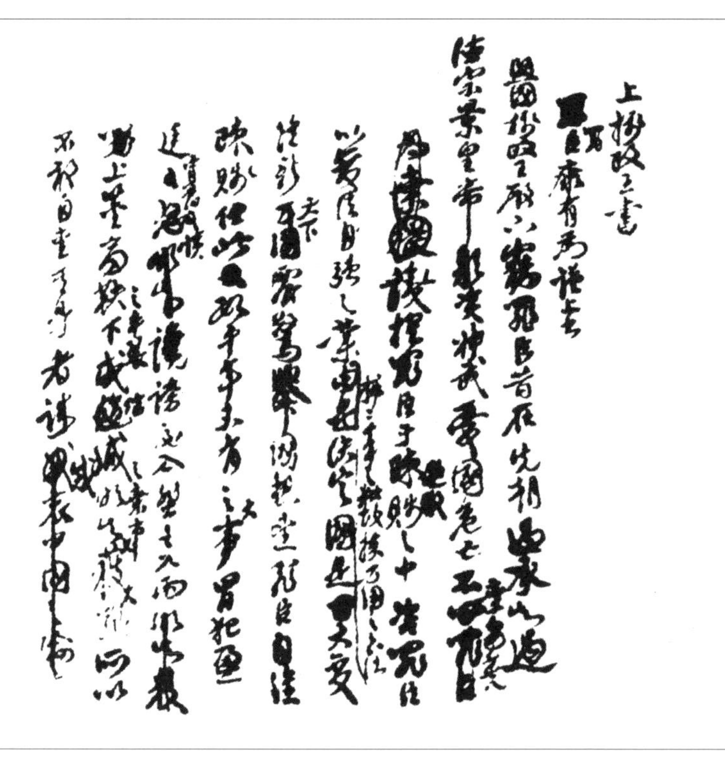

康有為《上攝政王書》

僅關乎科舉制度改革本身，更有着從制度源頭上堵塞舊人才進身途徑和造就基礎的深意。

變法的前景被描繪得如此美好，可為什麼一到實際中就蔫了呢？光緒聽康有為的言論時是那麼地投入，可事後卻沒有給予康有為任何實質性的職位，聽說照樣是掣肘因素在發揮作用。榮祿、剛毅等堅決反對擢用康有為，連李鴻章聽了都深為康有為惋惜。

光緒帝此時表現出的軟弱真叫人揪心，他雖然給予康有為專摺奏事之權，可實際上康有為的奏摺卻難以到達他的手中。在接下來的日子裡，光緒召見過刑部主事張元濟，向他詢問過有關育才問題和創辦通藝學堂的可行性問題。還破例召見過一介布衣梁啟超，據說因為梁啟超口音太重讓光緒實在無法明瞭其實質性內容。這些頻繁的召見最後也都沒有下文，維新派已敏感地意識到變法理想恐難有實現的可能，曾經滿腔熱血的康、梁動起了離京他走的退卻念頭。還未上場就顯出的這種疲軟狀態似乎已注定了變法的敗局。

據統計在百日維新期間，光緒帝頒佈的改革維新詔令最少不低於180餘次。內容涉及政治、經濟、文教等方面。為了展示這場變法的場面，以觀其改革的深度與廣度，茲將光緒帝先後頒佈的變法維新詔令，舉其要者，分類如下：

一、選拔、任用“通達時務”和有志於維新的人才；

二、變通科舉，發展近代教育，提倡出國遊學；

三、改革行政規制，裁減機構、冗員，整頓吏治以利民生；

四、鼓勵所有臣工與士民上書言事，廣開言路；

五、提倡譯書、辦報，據實倡言；

六、振興農、工、商及交通郵政等事業，獎勵發明創造給予專利；

七、整改民事，命旗民自謀生計，改革財政；

八、整建陸、海軍，以期富國強兵。

從上列內容來看，有些有洋務派官僚曾經做過的，有些是完全按康有為的設計擬定的。因皇上無權，康有為沒有提出“憲政”、議院等方面的內容。這些措施經光緒帝頒行，與甲午戰爭慘敗，光緒帝產生強烈的“憂國傷時”的情緒有關。他在了解到國外一些資訊之後，便萌生了仿照西方強國來革新中國的願望。親政之後，他一方面覺得不應再蹈“宋元舊習”，應開放眼界，“博採西學”，不僅大力提倡仿效外國在中國發展近代工、礦、交通、商務、郵政及編練陸海軍和辦學、譯書等，還把效法西方的改革擴展到農業、財政、思想輿論、社會風情、民政吏治以及政治規制等各個方面。有些改革，如裁撤綠營兵、廢棄驛站，尤其是取締八旗人的寄生制等等，都是直接觸犯其“祖制”的變革措施。光緒在科舉改革方面的舉措也頗有力度。他讓全國各地廣泛設立“兼習中西”的大中小學校，鼓勵出國留學，翻譯西方著作，創辦各類專門學校，體現了強烈的挽救民族危機和維護國家民族利益的鮮明特色。

但只要細細地推敲一下便知：諭辦新政事項其實缺乏統籌安排和周密計劃，不能穩紮穩打，循序漸進，未免顯得多而雜，急而亂，前諭方下，後諭又催，甚至口徑不一，讓下邊沒有必要的準備時間，甚至無所適從。這些無疑都是影響諭辦新政落實的因素。但是最根本和最主要的原因還是有關臣工知道光緒帝沒有實權，或存心等待觀望，窺探太后實意，或是從骨子裡就對新政中的越“體”之舉心存不滿，有時更是千方百計地明頂暗抗，進行抵制和破壞。總之，當時新政所遇到的障礙重重，阻力很大。七月初十日（8月26日）發佈的一道上諭說：

近來朝廷整頓庶務，如學堂、商務、鐵路、礦務一切新政，疊經諭令各將軍督撫切實籌辦；並將辦理情形先形具奏。該將軍督撫等，自應仰體朝廷孜孜求治之意，內外一心，迅速辦理，方為不負委任。乃各省積習相沿，因循玩懈，雖經嚴旨敦迫，猶復意忖觀望，即如劉坤一、譚鍾麟身任封圻，於本年五六月間諭令籌辦之事，並無一字覆奏。迨經電旨催問，劉坤一則藉口部文未到，一味塞責。譚鍾麟則並電旨未覆，置若罔聞。該督等皆受恩深重，久膺疆寄之人，洩遝如此，朕復何望？倘再藉詞拖延，必定予以嚴懲。直隸距京咫尺，榮祿於奉旨交辦各件，尤當趕緊辦理，陸續奏陳。其餘各省督撫，亦當振刷精神，一體從速籌辦，毋得遲玩，至幹咎戾。

從這道上諭中不難體察到，當

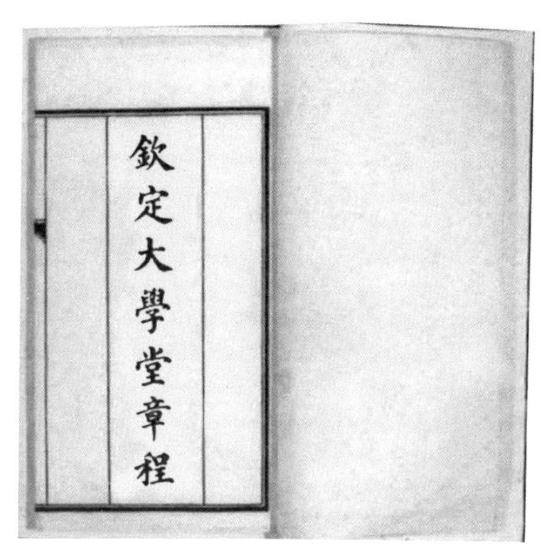

《欽定大學堂章程》

時各將軍督撫對新政比較普遍地表現得相當冷漠、消極，沒有形成積極回應的態勢，或敷衍塞責，或乾脆置若罔聞。這不能不令光緒帝大失所望，原來政治比他想像的要複雜得多，至少新政實施前需做摸底工作，需做籠絡人心的工作，需有廣大的支持者，哪怕是捧場者才行啊。看來堅持中"體"者早已在慈禧的陣營中集結了。

在超越中"體"與堅持中"體"方面，前者顯然屬於少數派，光緒作為這少數派的代表，權力越來越被以慈禧為代表的後者所削弱。光緒帝點名批評了堅持中"體"派的劉坤一、譚鍾麟，但無法再有更具體的措施。梁啟超也說："上雖諄諭至於三令五申，仍覆藐為具文，此先帝時所無，觀歷朝聖訓可見也。然上歲盛怒，數四嚴責，終不能去一人或懲一人者，以督撫皆西后所用，皇上無用捨之權，故督撫皆藐視之，而不奉維新之令也……若令上有全權，豈其若是！"

慈禧雖然蹲到了頤和園，卻安排了榮祿時時處處來監督光緒的行動，光緒批評劉坤一、譚鍾麟，實際上是在怪怨榮祿，但他連榮祿的名字都不敢提，足見其勢單力薄。到七月二十六日（9月11日），光緒的諭旨這樣說：

朕夙夜孜孜，改圖新法，豈為崇尚新奇，乃眷懷赤字皆上天之所畀，祖宗之所遺，非悉令其康樂和親，朕躬未為盡職。加以各國交迫，尤非取人之所長不能全我之所有。朕用心之苦，而黎庶猶有未知。咎在不肖官吏與守舊士夫不能廣宣朕意，乃至胥動浮言，使小民搖惑警恐，山陬海陬之民有不獲聞新政者，朕實為歎恨！今將改訂新法之意佈告天下，使百姓咸諭朕意，共知其法之可恃，上下同心，以成新政，以強中國，朕不勝厚望。着查照四月二十三日以後所有關乎新政之諭旨，各省督撫均迅速照錄刊刻謄黃，切實開導。著各省州縣教官詳切宣講，務令家喻戶曉。各省藩臬道府飭令上書言事，毋得隱默顧忌。其州縣官應由督撫代遞，即由督撫將原封呈遞，不得稍有阻格。總期民隱盡得上達，督撫無從營私作弊為要。此次諭旨，並着懸掛各省督撫衙門大堂，俾為共觀，庶無壅格。

光緒帝的苦心孤詣和憂急無奈於此可見。

光緒新政期間，也照樣去頤和園請安，慈禧也照樣回宮省視。也許是慈禧看準了光緒的所作所為動搖不了她奠定的根基，因而暫且無視罷了。事實也確乎如此，那麼多的政治方面的措施幾乎都沒有落到實處，諸如裁撤重疊散閑機構和冗員，刪汰則例之類，並不能使原有的政治體制傷筋動骨，只能算是一般性的機構改革。但即使是這樣，也難以推行。在文教方面，科舉的改革是最顯力度的，它直接與選官制度相聯繫。梁啟超認為："欲興學校養人才以強中國，惟變科舉為第一義。”光緒的上諭中也很快體現出來：“近來風氣日漓，文體日敝，所試時藝，大都隨題敷衍，於經義罕有發明，而譾陋空疏者每獲濫竽充選，若不因時變通，何以見實學而拔真才。着自下科為始，鄉會試及生童歲科各試，向用四書文者，一律改試策論。其如何分場命題考試，一切詳細章程，該部即妥議具奏。”但因為政變很快發生，改革科舉的進程也告中斷。此時張之洞的《勸學篇》被頒行，表明了對維新之急速的詫異。應該説這是力量較大的一股遏止勢力，因為張之洞曾經是洋務運動的積極倡導者啊！

光緒帝在這些阻滯力量面前，自尊的心理又發生作用。他對彈劾進言官王照的禮部尚書懷塔布、許應騤給予了革職之處分，本來有人作了個“降三級調用”的方案，光緒覺得這是對自己的故意冒犯，重處方能樹立起自己的權威，建立自己的威望。懷是滿洲正藍旗人，葉赫那拉氏，和慈禧同姓氏；許則是康有為的主要反對者。受到懷、許二人牽連的還有曾廣漢（曾國藩的弟弟曾國荃的孫子）。這次罷免顯示了光緒帝的明確態度。但是這樣的舉動顯然傷害到了許氏同黨力量，他們上了萬言長奏，向康有為發難，為許鳴不平。御史文悌是這個奏疏的起草者，光緒帝照樣罷免了他。與罷免文悌同時，光緒擢任了軍機四卿，即提拔譚嗣同、楊鋭、林旭、劉光第四人為軍機章京，賞四品卿銜。軍機章京地位可謂樞要。光緒帝安排他們在軍機處做機要秘書工作，就是想讓他們成為自己的高級參謀和執事人員。按梁啟超的解釋，這軍機四卿“參與新政者，猶唐宋之參知政事，實宰相之職也”。無論如何，光緒帝擢用軍機四卿，是他提拔新臣輔佐其新政的一項重大人事措施，這和罷免守舊大臣是相輔相成的。在人事上的這種大膽而果斷的舉措，是光緒帝以前所未有的。

慈禧能容忍光緒不斷地有新政

策出臺，卻特別不能容忍光緒來動搖自己安排的班子。過去他的嘍囉們時常哭着喊着來列數光緒"任性亂為"的事例，慈禧都靜靜地聽了，沒有更多的表示。當她聽說她所安排的班子已被光緒搬動時，她覺得該有自己的表示了。剛才說過的懷塔布跑來告狀了，他的太太也在慈禧跟前哭訴。慈禧有些覺得光緒做得過了。此後，光緒來請安，她總是陰沉着臉。

光緒帝走到這一步，似乎也沒有了退路。他設計了一個"開懋勤殿"的方案，希求能度過這個難關。開懋勤殿就是設想選集通國英才幾十個人，並延聘東西各國政治專家，集合在懋勤殿辦公，"共議制度，將一切應興應革之事，全盤籌算，定有詳細規則，然後實行"。本來軍機四卿中的譚嗣同和林旭曾提出開議院的建議，康有為鑒於"舊黨盈塞"的情況，覺得一定得受阻而行不通，而譚嗣同他們策劃新政又很着急，康有為考慮到制度局還沒有開辦起來，所辦新政"瑣碎拾遺，終無當也"，於是建議開懋勤殿以議制度。從設計上開懋勤殿不同於開議院是無疑的，與開制度局倒隱然有相通之處，或許就可以理解為利用懋勤殿作為制度局的局址，其性質上是一個籌議新政制定方案，供皇帝採擇的一個專門機構吧。

當光緒帝把開懋勤殿的意象整理成文遞交慈禧審查時，立即就被慈禧一口否決了。儘管此前他曾動用譚嗣同參考了歷代聖訓，鑒戒了康熙、乾隆、咸豐等帝類似的經驗，以證明自己沒有違反祖制。慈禧否決這項建言的背後原因可能是很簡單的，關於機構建設和廢除的事事先必須由我來安排，你沒有輕言變革的權力。

光緒隱約感覺到慈禧對他的不滿意，他已經在籌劃着讓康有為等及早退卻的事了，那些天中，光緒的思維是活躍的，他知道慈禧的旨意還是無法違逆的，自己可以依靠的力量卻是那麼地弱小。他們這時才意識到軍隊的重要。他們曾設想着策動袁世凱殺榮祿乃至兵圍頤和園捕殺慈禧太后的具體謀劃。

袁世凱是個有名的變色龍，他可以與榮祿親近，卻又常常讓人覺得他還有些喜新法的傾向。他密切地跟隨慈禧，卻也思想着慈禧之後自己的處境。他在局勢不明朗前總是給人一種不定的感覺。所以，在康、梁輩向他伸出援手時，他甚至表現出受寵若驚的樣子。康、梁曾讓徐致靖的侄子徐仁祿去試探過袁世凱，徐說："我們一直向皇上薦舉你，皇上說是榮祿告了你跋扈，不可大用，到底根源何在？"袁顯出一副恍然大悟的架勢，接着也發洩了一通對榮祿的不滿。他的這一招發過來蒙騙了康有為，康有為替徐致靖起草了薦舉袁世凱的奏摺，請光緒皇帝召見其人，破格擢拔，委以重任，自己又寫一密奏由譚嗣同遞上，敦促光緒帝擢用袁世凱以備不測。光緒帝果真下旨召見袁世凱。

袁世凱入京初可能確實興奮過，但京城的局勢卻又讓他迷茫。因

袁世凱

為開懋勤殿的動議被慈禧否決已意味着光緒得不到慈禧的支持，況且京城的大街上正在流傳康有為、梁啟超必須被斬首的流言。袁世凱覺得自己又到了該審時度勢的時候了。

光緒的召見安排在頤和園的玉瀾堂。光緒帝詳細地詢問了袁世凱有關練兵的情況，看來袁世凱給了光緒帝滿意的回答，因為袁世凱被擢升的上諭也很快就發佈了，袁世凱實際上取得了正二品的高位，位居侍郎。他得意洋洋去向慈禧謝恩

頤和園玉瀾堂。戊戌變法失敗後，慈禧命人將院落封閉，此處即成為幽禁光緒的地方

時，卻敏銳地嗅出了皇家內部的不睦，他的心中又在犯嘀咕了。當他夜宿法華寺時，譚嗣同深夜造訪了他。此時，袁世凱正在盤算着迅速離開京師這是非之地，置身事外是擺脫困境的絕招啊！

譚嗣同造訪立即讓袁世凱證實了自己的擔心，光緒與慈禧正在彼此較勁，已到了你死我活的地步。慈禧已計劃讓榮祿在光緒天津閱兵時殺死光緒。袁世凱雖曾表達了救光緒誅榮祿的態度，但依其性格，他定會在實施前反復權衡。後來的事實是，還未到閱兵日，慈禧就突然從頤和園還宮，開始了她"訓政"的新生涯。光緒帝和帝黨即所謂的變"體"派已無可挽回地遭受了失敗的厄運。

事後有人把慈禧計劃的改變歸於袁世凱的告密，慈禧便提前以政

珍妃井。同情並支持變法的珍妃，最終被慈禧命人推入此井中淹死

變的形式結束了這場鬥爭。其實，所謂政變，並沒有動刀動槍，慈禧從容地從頤和園走回了皇宮，光緒帝立刻就被宣佈失去了親政之權。

光緒帝在變法維新中遇到的阻力是多方面的，“上扼於西后，下扼於頑臣”。自甲午中日戰爭以來，光緒帝在清廷的支持者相繼被西太后除掉：志銳被發遣，文廷式遭革職，既而翁同龢被逐出清宮。甚至連過去在帝、后間起緩衝作用的軍機大臣李鴻藻也於光緒二十三年（1897年）六月二十五日死去。像御史楊深秀、宋伯魯及翰林院侍讀學士徐致靖等人卻地位甚低，起不到決策的作用。然而，光緒帝依然懷着一往無前的精神和勇氣，與維新運動的阻礙力量展開了堅決的鬥爭。但最後的結局仍體現了光緒對慈禧的屈服，最後不明不白地死去，年僅38歲。

慈禧囚禁了光緒，本來想廢黜他，多次組織“審訊”。她指斥光緒：“天下者，祖宗之天下也，汝何敢任意妄為！諸臣者，皆我多年歷選，留以賦汝，汝何敢任意不用！乃竟敢聽信叛逆蠱惑，變亂典刑。何物康有為能勝我選用之人？康有為之法能勝於祖宗所立之法？汝何昏瞶、不肖乃爾！”儼然是一副居高臨下、盛氣凌人的架勢。她接着坦言：“以為我真不管，聽他亡國敗家乎？我早已知他不足以承大業，不過時事多艱，不宜輕舉妄動，只得留心稽察管束；我雖人在頤和園，而心時時在朝中也。今春奕劻再四説，皇上既肯勵精圖治，謂我亦可省心。我因想外臣不直其詳，並有不學無術之人，反以為我把持，不許他放手辦事，今日可知其不行矣。”顯然她要告訴人們的是，光緒實不堪親政，如今她回來“訓政”是為了撥亂反正。她不失時機地訓斥光緒帝説：“變亂祖法，臣下犯者，汝知何罪？試問汝祖宗重，康有為重？背祖宗而行康法，何昏瞶至此？”光緒帝被完全置於“被告”的地位，他的回答是軟弱的，他説：“是固自己糊塗，洋人逼迫太急，欲保存國脈，通融試用西法，並不敢取康有為之法也。”慈禧接着以光緒的名義發佈諭令：“主事康有為首倡邪説，惑世誣民。而宵小之徒，群相附和，乘變法之際隱行其亂之謀，包藏禍心潛謀不軌。康有為實為叛逆之首，現已在逃。着各直省督撫一體嚴密查拿，極刑懲治。舉人梁啟超與康有為狼狽為奸，所著文字，語多狂謬，着一並嚴拿懲辦。”慈禧開始了對維新派全面的反攻倒算。光緒帝的自由也被徹底地剝奪了。

光緒在中南海的瀛臺度過了他的最後歲月，這位熱血男兒完全陷入了“欲飛無羽翼，欲渡無舟楫”的隔絕狀態，寂寞之際，連鍾愛的珍妃也不能見到，慈禧正在偏僻的鍾粹宮對之施以刑杖，並責令不能進見皇帝。

慈禧瘋狂地捏造謊言欺騙輿論，諸如八月初十日（9月25日），她借光緒名義宣諭：“朕躬自四月以來，屢有不適，調治日久，尚無大效。京外如有精通醫理之人，即着內外臣工切實保薦候旨，其現在外省者，即日馳送來京，毋稍遲緩。”竭力製造光緒沉疴的假象。慈禧的過火之舉甚至讓他的爪牙們都不敢表態了。劉坤一、張之洞等認為廢帝有不合適處，榮祿也“謀阻廢立”。慈禧看到列強也加緊了對光緒帝的關注，遂暫時收斂了廢帝的打算，卻在暗中謀求另立皇儲的計劃，加緊對光緒的迫害。當她向外公佈新立的皇儲時，外國勢力表現了強烈的抵制，這讓慈禧非常惱火，她甚至想到了利用剛剛興起的義和團，來暫時殺一殺列強的威風。但慈禧的算盤卻又一次打輸了。

這就是百日維新的結局，一切新政被宣佈廢除，慈禧重新執掌清王朝的大權，她於自己臨終前還在為大清政權是否能保留在她的一幫人手中而絞盡腦汁。當然在臨終前的幾年中，慈禧推行了一些維新時期想推行卻沒能推行的新政，並且產生了某些積極效果，這或許可以認為是戊戌維新的一份積極意義。

大和之風

《五條誓文》

1868年4月4日，明治政府以天皇名義發佈了施政綱領——《五條誓文》，這是經過由利公正（越前藩士）、福岡孝第（土佐藩士）先後起草一稿二稿，最後由木戶孝允修改定稿的。它的內容是：一、廣興會議，萬機決於公論；二、上下一心，大展經綸；三、公卿與武家同心，以至於庶民，須使各遂其志，人心不倦；四、破舊來之陋習，立基於天地之公道；五、求知識於世界，大振皇基。可以說，日本的明治維新是建立在加強天皇制的中央集權基礎上的。《五條誓文》第一條是為了穩定大名、公卿，便於建立以天皇為首的中央集權國家；第二條是強調上下一心，發展資本主義經濟政治；第三條是廢除等級身份制度，使公卿和武家同心，庶民（以豪商豪民為主的地主資產階級和百姓）也"各遂其志"，各安其業；第四條是暗示放棄攘夷口號，要與外國交往；第五條是要學習西方的科技文化，以振興國基。發佈施政綱領這一天，16歲的天皇睦仁於即位的第二年就被推到了歷史的前臺，他按照討幕派領袖的安排，率領公卿、諸侯、群臣百官進入紫宸殿舉行誓祭典禮，宣讀《五條誓文》，並向群臣敕語說：這是日本"未曾有之變革，朕當身先率眾，誓於天地神明，以大定國是，立保萬民之道。爾等亦須本此旨，同心努力"。《五條誓文》反映地主資產階級的政治經濟要求，是明治政府實行改革的基本綱領，規定了日本的資本主義道路。

1871年（明治四年），明治政府實行“廢藩置縣”，廢除封建時代二十六個藩分封割據的落後體制，將全國劃分為三府三百零二個縣，1873年着手地稅改革。

自1885年組成以伊藤博文為首的內閣以後，至1889年又頒佈《明治憲法》，確立近代天皇制。日本政府在“富國強兵、殖產興業、文明開化”的口號下，一方面學習西方列強，用新式編制和新式裝備組建海軍、陸軍；一方面極力推行“皇化教育”，宣稱“天皇即我國民所信奉的最高的道德、最高的理想、最高的目標、最高的指標”，將天皇抬到至高無上的地位，使其成為日本全國的崇拜偶像。所以，當天皇詔令一下之後，日軍得以充分發揮他們特有的“武士道”精神，戰鬥力遠遠超過無所適從的清軍。

頒佈帝國憲法後的第二年，日本召開帝國議會，從此建立起適應近代國家需要的中央集權管理的建制，此後日本開始逐步建立起以天皇為中心的三權分立的政治制度。1882年(明治十五年)3月，日本在充分比較歐洲各國國體和司法制度的基礎上，結合日本國情，確立了“以普魯士為第一”的近代天皇制國家方針，帶上了明顯的封建君主制色彩。1884年(明治十七年)，廢除了原太政官制度，效仿西方採用內閣制，即由總理大臣(首相)和國家大臣組成直屬於天皇的內閣，第一屆內閣由伊藤博文任總理大臣。1887年發佈的《文官任用令》制定了通過考試任用官吏的制度。

《大日本帝國憲法》

1890年，明治政府實行府、縣、郡制。1888年設立樞密院，負責審議憲法草案及附屬諸法典。憲法實施後，樞密院成為解釋憲法的

東京銀座路燈通電

權威機關和天皇關於重要國務的諮詢機關。此外，還設元老制，當時的元老有伊藤博文、山縣有朋，大正時期有桂太郎、西園寺公望等。元老乃天皇最親信之人，可以推薦內閣總理大臣和參與宣戰、講和等國家重要事務。在大量抄襲和照搬1850年的《普魯士憲法》和1871年《德意志帝國憲法》的基礎上，1889年《大日本帝國憲法》出臺，其充分體現出天皇制專制主義特色。首先，憲法第一章第一條就開宗明義地規定："大日本帝國由萬世一系之天皇統治之"，"天皇神聖不可侵犯"，"天皇為國家元首，總攬統治權"，天皇擁有"統率陸海軍"、"宣戰、講和及締結條約"、"任免文武官吏"、"召集帝國議會"、"解散帝國議會"等權力。這樣便規定了天皇的絕對性和神聖性。其次，從國家體制上看，明治憲法在形式上採用了國會立法、內閣執行行政、法院處理司法事務的近代資本主義三權分立制度，但實際上，議會只是協助天皇行使立法權的工具，只有審議政府提出的國家預算案之權；內閣也是由天皇任命的總理大臣和國務大臣組織，它

三井株式會社建造的西洋建築

只對天皇負責，不對帝國議會和國民負責，而法院也是在天皇的名義下代表天皇行使審判權，明確反映了天皇專制主義色彩。第三，關於公民權利。天皇統下的臣民雖有遷徙、信教、言論、集會、結社等自由權利，但只能在法律許可的範圍內才能承認，而天皇制政府有權根據需要以簡單的立法形式撤回給予的權利。實質上，主權屬於天皇，不屬於人民，議會只是天皇制國家的裝飾而已，立法之下的民法和刑法也十分保守，日本實現了天皇制與西方立憲制的嫁接。

在經濟上，1869年明治政府收回了各藩的版籍。"版"指土地，"籍"指戶口。版籍奉還就是諸侯交出對土地和人民的封建領有權，從而以和平方式全面廢除了領主制，結束了數百年的封建割據局面。為防止大藩的反抗，明治政府於1871年2月發佈了建立天皇親兵（近衛部隊）的法令，1871年4至6月，薩摩、長州、土佐三藩的步、騎、炮兵一萬人先後入京作為天皇的親兵，歸兵部省管轄，同時命令解散的藩兵、武器、城郭等一切歸兵部省管理，這就鞏固了東京的防衛，加強了政府的權威，為建立資產階級中央集權國家創造了先決條件。從此，國家可以集中財力“殖產興業”，加緊資本原始積累，並以國營軍工企業為主導，大力扶持資本主義的發展。1868年至1880年間，主要是大力創辦官營企業，由國家資本帶頭實行資本主義工業化的方針，1880年後則大力扶植和保護私人資本主義的發展。到甲午戰爭前後，日本早期產業革命熱潮幾乎擴展到一切主要工業部門，日本已初步實現了資本主義工業化。在科技上，日本大力引進西方科技，派遣大量留學生，引進西方教育制度。明治政府於1872年就頒佈了全國教育法，建立了歐美近代學制，開設從歐美引進的數理化和外語課程，形成了從小學到大學，從高深學理到實用技術一整套現代教育體制。為了推進留學歐美，明治政府於1870年開始便制定發佈了《海外留學生規則》，提出了官費、私費、貸費等多種留學模式，將留學運動有序地向前推進。這樣一方面吸收

明治維新時期日本女子學習彈鋼琴

西方近代教育學制和部分學科（尤其是自然科學），外在具有近代教育的形式，另一方面，內質卻保持了“忠君愛國”等帶有強烈的日本色彩的儒家理念，固守“和魂”，再一次表明了其吸收外來文化的“東洋道德，西洋藝術”或“和魂洋才”的文化特色，同時也展現出東西文化折衷的中間型文化的特徵。總之，日本近代教育帶有濃厚的天皇專制主義色彩，為軍國主義的形成推波助瀾，從而也為其侵略戰爭作着充分的準備。

用人篇 | Choose Persons

中國戊戌變法與日本明治維新所依據的社會力量存在着巨大的差異。中國戊戌變法所依據的社會力量極為有限，主要是一些接觸過西方新知的知識分子，這在傳統知識分子中屬於少數，甚至被社會普遍認同為“亂黨”、“不務正業者”、不爭氣的“落第者”，他們從自己的切身體驗中認識到人民的生活困苦，他們想代表人民說話，可當時的人民似乎不需要他們去代表，因而也就不會對他們的變政措施產生切實的回應，讓這些書生們深感孤單。而且，以慈禧為首的維“體”勢力佔據着絕對的壓倒優勢，變法的努力勢必不能馬上取得成效。日本明治維新動員了全民族的力量，最直接的是代表日本社會前進方向的武士階層，他們有文化、有武藝，勤奮進取，矢志向前。他們把天皇樹立為民族的凝聚中心，從而形成了推進改革的巨大合力。變政的努力取得不同的結果，從而給人們留下深深的思索。

書生，幻想多於實際

天津的維新派

大清國變法的推進者主要是一批書生，這批書生雖然不像傳統社會只是“兩耳不聞窗外事，一心唯讀聖賢書”，他們多懷有“明道”以求“救世”的理想，提倡經世致用，但他們卻又無法突破傳統知識分子的清高，喜歡走賢人政治的路子，相信歷史是少數人創造的，不願做動員民眾的工作。康有為博通經史，但其理論卻近乎空想，實在稱不上是深通謀略的政治家。他有書生的激情，卻沒有為政之沉穩。他的堂弟康廣仁這樣說：“伯兄規模太廣，志氣太銳，包攬太多，同志太孤，舉行太大，當此排者、忌者、擠者、謗者，盈渠塞巷。而上又無權，安能有成？弟私竊深憂之……力勸伯兄宜速拂衣，雖多陳

清朝皇帝的龍袍

無蓋，且恐禍變生也。伯兄非不知之，惟常熟（指翁同龢）告以上眷至篤，乃不可行。伯兄雖以感激知遇，以為死生有命，非能所避，因舉華德裡落磚為證，弟無如何。”他把沒有希望成功的事情做得那麼

賣力，結果不僅害了自己，而且也害了整個計劃以及與該計劃相關的人們，包括光緒皇帝。新政的條款發佈了一道又一道，卻多缺乏付諸實施的可能性，反而被慈禧指責為“太激”，並重新奪回了光緒剛剛獲得的親政權，使其重新回到為傀儡的地位。此外，梁啟超，康有為的弟子，可稱一個學者式的宣傳理論家。譚嗣同，當過幕僚、教書先生和報館主筆，雖一腔熱血、滿懷激情，卻依舊是一介書生。據說維新變法面臨危機時，是譚嗣同去說服袁世凱的。袁世凱表面答應，過後將“帝黨”維新派準備“動手”的消息密報榮祿，致使光緒帝被囚。老謀深算的袁世凱蒙騙書生氣十足的譚嗣同，是手到擒來的事。不過細細想起來，輕信這個不可靠的人，並且向其洩密的，恰恰是譚嗣同，或說就是維新派自己。倘若沒有這個洩密，也許維新派不會失敗得這麼慘，或者光緒帝不會被囚……當然，書生自有書生的價值，他們可以在學術、理論上有所建樹，也可能具有崇高的精神品格，但在大變革中，由於他們不擅搞陰謀詭計，或說“書生氣”十足，當他們擔起扭轉乾坤的大任時，若不是勉為其難，就是不自量力。政治家和文人甚至思想家是不能劃等號的。

譚嗣同

在戊戌維新之前，中國社會雖然不斷遭蒙外國侵略，雖然民族危機越來越加深，但對於廣大民眾而言，世道似乎仍照常運轉，讓人們能體會到變化的只是部分沿海區域的知識人。因此，維新思潮在知識界似稱熱烈，卻多屬書面上的，對社會產生的動員作用極為有限。北京固然是維新思潮的策源地，國家出現的新危機首先在這裡被傳播，國外流進的新思想也首先由這裡流入國內。天津是維新思潮興發的又一重鎮。嚴復在這裡宣傳着西方的近代思潮。嚴復本是東南沿海福建侯官（今閩侯）人。咸豐三年十二月（1854年）生於一個鄉醫家庭，少時曾從"邑中宿儒"習讀經書，14歲上父親去世後，他投考洋務派辦的福州船政學堂，同治十年（1871年）以優異的成績畢業，被派在軍艦上歷練，光緒三年（1877年）被派到英國學習海軍。他在修習專業課程的同時，認真研讀西方政治、經濟、社會等方面的理論著述，並留心體察英國社會實際，還曾到法國考察，這對他維新思想的奠基，自然有着重要作用。光緒五年（1879年）他畢業回國後，先在福州船政學堂充任教習，第二年即被直隸總督兼北洋大臣李鴻章調到天津北洋水師學堂任總教習（後升總辦）。從此多年間，天津就成了他生活和戰鬥的第二故鄉。

經歷甲午戰爭，民族危機空前嚴重，維新救亡熱潮隨之興起，時局的刺激促使本來就懷憂國憂民之心的嚴復迅速成為一位著名的維新思想家。光緒二十一年（1895年），在"公車上書"發生之前，嚴復就在天津《直報》上先後發表了《論世變之亟》、《原強》、《辟韓》等著名文章。而在北京的"公車上書"鬧得熱火朝天時，他的另一重要文章《救亡決論》則正在《直報》上連載。這些文章的主旨就是呼籲適應世變，進行維新，救亡圖存，振興國家。刊載他這些文章的《直報》是德國人漢納根在天津辦的中文報紙，在這期間，客觀上是為嚴復提供了一個鼓吹維新輿論的重要論壇。嚴復並不滿足於此，他要自行開闢輿論陣地，於是就有了《國聞報》的創刊。

《國聞報》的議創始自光緒二十三年（1897年）之夏，到這年的十月初一（10月26日）出創刊號，其時正值膠州灣事件發生的前夕。該報宣明其宗旨是"將以求通焉耳"。按其解釋，"夫通之道有二：一曰通上下之情，一日通中外之故。為一國自立之國，則以通下情為要義；塞其下情，則有利而不知興，有弊而不知去，若是者國必弱。為各國並立之國，則尤以通外情為要務；昧於外情則坐井而以為天小，捫籥而以為日圓，若是者國必危”。而對於當下的中國而言，“通下情尤以通外情為急”。因為“今之國，固與各國並立之國，而非一國自立之國也”。鑒於此，《國聞報》尤其着重於“通中外之故”方面，譯載各國新聞、政論，採訪報道國內外重大事件，以使讀者能通上下、中外之情，“上下之情通，而後人不私其利；中外之情通，而後國不自私其治。人不自私其治，則積一人之智力，以為一群之智力，而吾之群強；國不自私其治，則取各國之政教，以為一國之政教，而吾之國強”。這便是《國聞報》的基本定位。

《國聞報》是在維新運動中新式報刊如雨後春筍般湧現的形勢下應運而生的，此前已有北京的《中外紀聞》、上海的《強學報》、《時務報》、澳門的《知新報》的創辦。但北京的《中外紀聞》於光緒二十一年（1896年）十二月間被封禁之後，北方的維新輿論陣地失去重鎮，而《國聞報》創辦，恰能補此不足，並且，為戊戌年裡維新高潮的興起，直接地起了推波助瀾、搖旗吶喊的作用。

就在康有為滿懷激奮地上清帝第六書的前後，嚴復於這年正月初六至十四日（1月27日至2月4日）的《國聞報》上，分九次連載了他的《擬上皇帝書》。此文長約萬言，其主旨即在於呼籲變法，“天下有萬世不變之道，而無百年不變之法”。按照他的籌劃，變法之前，皇上應先行三事，即“聯各國之歡”，“結百姓之心”，“破把持之局”。嚴復認為中國眼下積弱已極的原因“由於內治者十之七，由於外患者十之三耳”。他這樣說固然是為強調“變法”改善“內治”張本，但在當時外釁危迫、分割洊至的形勢下，也有淡化外患之嫌。

當北京的維新派在組織保國

會、策動第二次公車上書時，《國聞報》也在輿論上給予大力支持。如諸多有關的消息、文件由《國聞報》發表，像保國會集會的消息、成員名單、章程都於該報刊載，關於第二次"公車上書"情況的報道以及有關呈稿也見諸該報，對維新派與頑固守舊派的鬥爭，該報也不憚觸犯時忌，進行報道和評析，旗幟鮮明地站在支持維新的立場上，對頑固守舊派進行無情的揭露和鞭撻。

嚴復

"物競天擇，適者生存"是英國生物學家赫胥黎《進化論》中的觀點。它是通過嚴復的翻譯而普及於全社會的。這本來屬於生物學裡的定律被嚴復於此時引入中國，顯然具有了革命性的意義，生物界的規律應用於世界連成了一個整體的社會領域，同樣適用啊！哪一個經過反思的人能否定這條天則呢！

湖湘地區的維新派

當我們把眼光從天津轉到湖湘時，我們又可以看到這裡知識界維新思潮的激蕩。有人説，近代湖南是個神奇的地方，這裡的維新人士呈現出集團化傾向。梁啟超曾對此提出過疑問："湖南以守舊聞於天下，然中國首講西學者，為魏源氏、郭嵩燾氏、曾紀澤氏，皆湖南人。故湖南實維新之區也。發逆之役，湘軍成大功，故囂張之氣漸生，而仇視洋人之風以起。雖然，他省無真守舊之人，亦無真維新之人。湖南則真守舊之人固多，而真維新之人亦不少，此所以異於他省也。”梁啟超的言論是客觀真實的，這裡形成了關心政治的新風氣。除了北京、上海、天津外，湖南堪稱又一中心，別的省份多相對冷寂，湖南則如火如荼。這其中湧現了一批精英人物，如譚嗣同、陳寶箴、黃遵憲、江標、徐仁鑄、熊希齡，還有唐才常、皮錫瑞、畢永年……這些人都識古通今，志存高遠。再加上梁啟超等，湖南維新陣容真可謂強大。他們以南學會為基地，不定期開展講論，既重學術，又論政教。凡涉地方興革實務，皆在討論辯說之列。他們創辦起《湘報》，提倡“中法與西法相參”，“民權與君權兩重”，“中教與西教並行”等觀點。黃遵憲督辦的保衛局是想以此作為地方自治的一種實踐，該局形式上是仿照日本警視廳和西方國家的警察局而設立的警務機構，但同時又具有“官民合辦”的政務機構性質。按其章程。該局由官紳商中選出的總辦和議員集體領導，採取議員議政的形式民主議事，取決多數。黃遵憲是把該局的成功辦設看作“萬政萬事根本”和開民智、伸民權的重要途徑的，可以說，他與康有為、梁啟超輩關於開新政局之類的設計有很大的相通之處。

湖北的維新風氣因張之洞這樣的洋務精英的轉向而遜於湖南。他早年曾是洋務派的後起之秀，興辦了漢陽鐵廠等著名洋務企業，文教方面也多有興舉。光緒二十一年（1895年）維新運動方興未艾之時，時任兩江總督的他曾捐五千金列名北京強學會，又支持建立上海強學會，並亦名列其中。但隨着形勢的變化，他轉向了鎮壓維新的陣營之中，到戊戌年間張之洞留給我們印象最深的創獲就是他的《勸學篇》，其中提出了“會通中西，權衡新舊”的主張。這篇凡四萬言分內外篇共置二十四個分篇的撰述，“內篇務本，以正人心，外篇務通，以開風氣”。“本”是指有關世道人心的封建綱常名教不能動搖；“通”是指有關工商、學校、報館之類事情，可以依照西法變通舉辦。其中心論點是“舊學為體，新學為用”，基本上可以同於通常所說的“中學為體，西學為用”，並且應該說是集中體西用思想之大成，將這種思想推向了極致。張之洞的退卻留給了人們無限的深思。

六個人的維新

讓我們再把視野轉向眾庶時，我們看到的更是全社會的麻木。當戊戌六君子喋血菜市口時，當譚嗣同以血薦軒轅時，無數的看客們卻心存狐疑。譚嗣同面對屠刀而吟哦的“有心殺賊，無力回天。死得其所，快哉快哉”，並沒有引起人們的多少覺醒，他們甚至責問：幾個文縐縐的書生為什麼要跑出來違反延續了數千年的天條？為什麼不好好研讀聖賢經典，安安穩穩地走讀書做官的老路，以求光宗耀祖？慈禧把這場公審安排在菜市口，倒真是準確把握了中國社會的實態。她要告訴人們：這六個人實在是罪不可赦。前來觀摩審判的民眾認同了慈禧的審判，他們在菜市口喋血之後深深地膺服專制王權的強大威力，他們默默地告誡自己乃至自己的後代要做皇權制度下的忠順臣民，一部部卷帙浩繁的族譜家規照樣赫然列着這樣的規條。有記載說：當六君子被審判時，許多京官顧惜身家性命，多所避忌，親友故舊亦恐株連於己，閉門不出，譚嗣同等人屍體遂無人敢來收殮，直到第二年才被送回故鄉。

光緒皇帝大事年表

同治十年六月二十八日（1871 年 8 月 14 日），光緒誕生。
同治十三年十月二十一日（1874 年 12 月 10 日），同治帝駕崩。
光緒元年（1875 年）2 月 25 日。光緒皇帝登基大典舉行，是年即光緒元年。
光緒二年二月二十一日（1876 年 3 月 16 日），翁同龢再度出任“帝師”。四月二十一日（5 月 14 日）正式開學。
光緒二、三年（1876—1877 年）間，左宗棠率軍相繼克復新疆各城，維護了祖國的主權領土的完整。
光緒七年三月初十日（1881 年 4 月 8 日），東太后鈕祜祿氏崩逝，時年 45 歲。
光緒七年（1881 年），中國從沙俄手中索回伊犁。
光緒九年（1883 年），法侵略中國，李鴻章秉慈禧太后之意出面處理，有妥協退讓意，光緒表示反對，並時刻關注事態的發展，與西太后關係趨於緊張。
光緒十年（1884 年），中法邊境告急，西太后卻在操辦 56 歲壽辰。
光緒十一年四月二十七日（1885 年 6 月 9 日），《中法會訂越南條約》簽訂，中國邊疆危機和民族災難日益深重。
光緒十二年（1886 年），光緒帝 16 歲，已較留心現實政治、中外大事，但以慈禧為首的后黨集團阻撓着清朝 14 歲即可親政習慣的實行，光緒帝仍處於傀儡地位。
光緒十一年九月（1885 年 10 月），清政府成立了海軍衙門，由光緒生父、醇親王奕譞任大臣，但實際上，親操其事的卻是直隸總督兼北洋大臣李鴻章。
光緒十一年（1885 年）以後，慈禧推進三海工程與頤和園工程的實施，耗費巨大。是年起做出讓光緒親政的姿態。
光緒十三年正月十五日（1887 年 4 月 7 日），西太后授意舉行光緒帝親政大典，但自己卻以“訓政”姿態出現，光緒帝無法掌握到實權。
光緒十四年六月十九日（1888 年 7 月 27 日），慈禧再發懿旨表明明年舉行大婚儀式，並正式親政，選定西太后的內侄女、其弟桂祥之女為皇后人選，同時擇定瑾嬪和珍嬪為妃。
光緒十五年正月二十二日（1889 年 2 月 21 日）到二十四日（2 月 23 日），婚禮舉行，二月初三日（3 月 4 日），光緒親政大典舉行，這時光緒 19 歲。
光緒十七年十一月二十一日（1891 年 1 月 1 日），醇親王奕譞死，時年 51 歲。以光緒為首的帝黨勢力亦慢慢滋長，像志銳、文廷式等是其代表。
光緒十八年十月初六日（1892 年 11 月 24 日），光緒提前為慈禧的 60 大壽做準備。
光緒二十年（1894 年）春，朝鮮東學黨起義爆發，朝鮮政府請清政府出兵，清派出直隸提督葉志超率兵赴朝，協助朝鮮統治者鎮壓起義。日本以此為藉口，挑起事端。光緒帝雖仍受制於慈禧，卻表示了堅決抵抗的態度，並形成與慈禧太后態度的對立。以光緒帝為首的抵抗派不把幻想寄託在俄、英等列強的調停上，而是立足於以本國力量迅速加強戰備，禦敵衛國。

光緒二十年七月初一日（1894年8月1日），清政府發佈了基本體現抵抗派主張的對日宣戰上諭。光緒帝一直牽掛着戰爭的進程，並多有運籌指劃。但北洋海軍不力，形勢迅即惡化，加上慈禧仍在操辦壽辰之禮，更挪用了部分軍費，戰爭的敗局變得無可挽回。主和派開始甚囂塵上。

光緒二十一年三月二十三日（1895年4月17日），《馬關條約》簽訂。四月十日（5月8日）生效。《馬關條約》使清政府背上了沉重的財政負擔，中國不得不走進對外借款的泥沼。

光緒二十一年（1895年），《馬關條約》後，一批勵志振興中華的文人、官僚集中到光緒帝周圍，形成了變法維新的一支力量。

光緒二十二年（1896年）秋，康有為從立志於革新祖國以來，就關心世界各國的動向，注意搜集有關外國情況的資料，他回廣東後，一方面繼續從事講學、著述及運籌變法，另方面到港、澳、滬等地考察與辦報，不惜重金廣泛購置各國書刊，尤注重搜集有關日本的資料。

光緒二十三年（1897年）冬，光緒帝“改革之志”更加堅定。

光緒二十四年（1898年）春夏之交，光緒帝形成了順應世界大勢，“假日本為嚮導，以日本為圖樣”的明確意念，維新人物日漸聚集到他的麾下。

光緒二十四年四月二十七日（1898年6月15日），慈禧脅迫光緒革翁同龢職，任命榮祿“暫署直隸總督”，試圖把光緒控於股掌之間。光緒帝頂住壓力，陸續頒佈一系列新政綱領，與頑固派展開了針鋒相對的鬥爭。但因為一些改革措施力度較大，觸動了部分既得利益者的利益，因而遇到了巨大的阻力。光緒竭力推進新的機構的設立，鼓勵上書言事乃至籌議政體改革，展現出了一股蓬勃向上的朝氣。

光緒二十四年八月初六日（1898年9月21日），西太后發動政變，宣佈維新變法為非法，持續了103天的新政宣告失敗。光緒帝被囚禁於中南海瀛臺，此後，西太后多次以光緒帝名義發佈諭令，否定維新，抓捕革命志士。慈禧曾試圖廢掉光緒，另立新君，在中外各方的壓力下終未成功。

光緒二十六年（1900年），面對義和團運動，慈禧力主利用，以對抗外國勢力，卻又把責任推到光緒帝身上。結果，八國聯軍於七月二十日（8月14日）犯至北京城，慈禧倉皇逃跑到西安，此前，還害死了光緒的愛妃珍妃。

光緒二十七年七月二十五日（1901年9月7日），清政府的全權代表李鴻章與八國簽訂《辛丑合約》，中華民族被拖入更為苦難的深淵。八月二十四日（10月6日），西太后又挾光緒帝自西安返回京城。十月二十日（1901年11月30日），西太后廢溥儁大阿哥名號，繼續用光緒帝為傀儡。

光緒二十八年至三十一年（1902—1905年），光緒帝在囚禁中埋頭苦讀，仍試圖有朝一日重新操政，繼續其維新變法。

光緒三十四年十月二十日（1908年11月13日），西太后患病，光緒亦“疾甚”。次日便飲恨逝於瀛台涵元殿，終年38虛歲。20小時後，清王朝實際上的最高當權者、統治中國將近半個世紀的“女皇”西太后亦病死。

武士，成功源於實幹

武士階層的形成

日本的武士階層起源於 8 世紀徵兵制的崩潰，地方實力家族成員被徵召入伍，成為擁有特權的世襲武士。12世紀80年代的源平戰爭使武士在國家政治中佔有愈益重要的地位。源氏建立的鐮倉幕府（1192—1333 年）是日本歷史上第一個武士政權，不過，這時武家與皇家勢均力敵。以後，足利氏建立室町幕府（1338—1573 年），武士接管皇家權力，天皇成為尸位素餐的名義元首。德川氏建立的江戶幕府（1603—1867 年），進一步發展武士政權。德川時代以朱子學為官方哲學，有一種“文治政治”和“官僚政治”的趨向，1615年頒佈的《武家諸法度》，要求武士不但要習武，而且必須研習學術文化，以實現“文武平衡”。這樣，武士既是“雙刀階級”，腰佩長短兩刀，以示勇武與特權，同時也識文斷字，能夠吟詩作賦，知曉經國大略，是全社會中文化程度較高的一群。自鐮倉時代以降，武士遵守忠君、節義、廉恥、勇武、堅忍等德行，形成“武士道”傳統。儒學家山鹿素原（1622—1685 年）等還為武士規定了做社會領袖的使命，歷代武士也往往以天下國家為己任，為此不惜身家性命。武士分為上層與中下層兩大階層，上層武士掌握幕府及諸藩政權，並擁有封地；中下層武士不能直接參政，也沒有封地，只能從幕府及大名（上層武士）那裡領取祿米。江戶中期以後，隨着商品經濟的發展，以祿米為生的中下

日本近代的工業化

層武士經濟地位下降，開國後，物價升騰，幕府和大名還不斷用“半知”、“減知”辦法克扣中下層武士祿米，使其陷入困境，中下層武士滋生起愈來愈強烈的憤懣情緒，他們常“怨主如仇敵”。

幕末時武士約40萬人，連同家屬共200萬人，約佔當時日本3,000多萬人口的百分之六。這是一個曾長期享受特權、文化程度較高，而又在轉型時代處於不穩定狀態的階級，其中下層迅速發生分化，有的經商、務工，有的當醫生、作家，設塾教書授徒，還有的脱籍成為浪人。由於中下層武士不少都受過良好的漢學及國學教育，又領略過蘭學及洋學，思想敏鋭，勇於行動，他們面對開國後內外交困的局勢，產生了強烈的民族危機意識，其中一批人已失望於幕府，冀望於王室，醞釀着突破舊體制的大變革。這些曾經是幕府及藩國統治柱石的中下層武士，迅速轉化為反對幕藩體制的先鋒，力倡“尊王倒幕”的健將。1862年登上“千歲丸”的年輕藩士中，便不乏這樣的人物。

“尊王倒幕”的健將

高杉晉作（1839—1867年）是其中的一員，其父高杉春樹是祿米二百石的中層武士，世代臣屬藩主毛利氏。高杉晉作14歲到藩士子弟學校明倫館就讀，接受正式武士教育，除劍術武道外，研習經學、史學、兵學、文學諸科，深受儒家名分論和忠孝觀念影響。漢學功底深厚，書法雄健飄逸。受吉田松陰影響，深信“尊王攘夷”主張，從而走向了幕府勢力的對立面。

吉田松陰以辦塾授徒方式，擴大了其思想的影響，激勵下層武士起來武裝倒幕，培養了一批倒幕先鋒，如久阪玄瑞（1840—1864年），他是吉田得意弟子和妹夫，與高杉晉作、入江九一合稱“松門三高足”；又如木戶孝允（1833—1878年）、山縣有朋（1838—1922年）、伊藤博文（1841—1909年）等都團結到了松門。

登上“千歲丸”的高杉晉作在上海兩月間實地探察上海的山川形勢、社會結構、經濟生活、清軍與太平軍交戰情形、歐美列強的滲入狀況，交結中國士人，訪問法、英、荷、俄等國領事館及商館，參觀英法聯軍的裝備、艦隻，購置手槍、地圖、望遠鏡，與英國傳教士慕維廉（1822—1900年）等縱論國際大勢，又四處購買《上海新報》、《聯邦志略》、《數學啟蒙》、《代數學》等西文書刊，尋覓林則徐、陳化成等抗英將領的文集，並對《海國圖誌》竟在清國絕版深感不解和遺憾。高杉晉作對遭受歐美侵略的中國人抱有同情和不平，與中國士人陳汝欽等過從甚密，彼此結下深厚友誼。

高杉晉作

高杉晉作從上海回國後，日夜思考着日本該如何抗禦西洋人的入侵，以避免重蹈中國之覆轍，從而走上"攘夷倒幕"之路。經過一段準備，高杉晉作與久阪玄瑞於1863年1月縱火焚燒正在施工的英國公使館。1863年5月，長州藩炮擊外國船，法國艦隊報復，重創長州藩炮臺。為挽救危局，高杉起而執掌藩政，又得豪商白石正一郎資助，挑選下級武士、農民、市民中的英勇之士，組成"奇兵隊"（山縣有朋、伊藤博文等為骨幹），抗擊英、法、美、荷四國聯合艦隊入侵下關。1864年9月，長州藩迫於四國聯合艦隊和幕府征長軍壓力，放逐高杉晉作。高杉晉作開始了武裝倒幕的新里程，他力求以開港討幕戰略實現倒幕的願望，不幸的是年僅28歲即死於肺病。高杉晉作從"鎖國倒幕"到"攘夷倒幕"到"開國倒幕"的經歷，典型地代表了幕末志士的心路歷程。上海之行讓他親見了西方列強動向、清政府衰弱狀態，擴大了視野，國家危機意識得以覺醒，富國強兵目標趨於明確，後來終於從排外主義走向開國主義，成為明治維新的先驅者。

"千歲丸"成員中的另一位著名人物是五代才助（1835—1885年），他14歲時繪成世界地圖，1857年起在幕府的海軍講習所學習航海、炮術、測量術，一心嚮往到國外遊歷，擴充視野。獲得上"千歲丸"的機會後，他在上海走訪書店、教堂，還登臨停泊在黃浦江上的英國蒸汽船，入艙內考察諸器械，另外還私下到郊外觀看清軍與太平軍交戰情況，見識大為擴充。

五代返回日本後，致力於藩政改革，1865年（慶應元年）向藩府提出“富國強兵十八策”，此即著名的《五代友厚上申書》，中心題旨是反對“攘夷”，力主開國，認為“尊王攘夷”是欺騙民眾的自滅理論，將使日本重蹈印度、中國的覆轍。此策還大倡改革藩政，內容包括建“造士館”，派遣留學生赴歐洲學習，殖產興業等。同年4月，薩摩藩派出19人組成的使節團訪歐，五代以“御船奉行見習”身份參加，另有森有禮等13名留學生隨行。這次赴歐洲考察學習，歷時九個多月，五代留下日記，表明了自己倒幕興國的決心。明治初進入政界，1869年辭官專心發展實業，設立大阪商法會議所，以大阪為基點，從事礦山開發，所創辦的採礦業推及全國，成為明治時期的重要企業。他還在大阪設立經營染料業

日本參加世界博覽會

的朝陽館，使日本實現染料製造業和染色業的全面革新。

英國人在上海出版的報紙《The North China Herald》在“千歲丸”抵達上海的6月2日（五月初五）即派記者登船採訪，又在對日本使團觀察幾天後，於6月7日（五月初十）發表無題新聞指出：原來以專制和封閉著稱的日本，現在卻在英製船舶上高揚起日本旗，來上海交易其國產品，這也許是日本國民排外意識發生轉變的希望。該報注意到，一向被視為排外思想化身的日本武士，居然到海外作商業冒險，實在是一個“傳奇物語”（傳奇故事）。應當說，這份英文報紙頗有見微知

著的洞察力，它通過幕末第一次遣清官船“千歲丸”的商貿活動，敏銳地發現日本由封閉走向開國的趨勢，並透視到日本武士發生時代性轉變的徵兆。

在日本，被稱為“維新三傑”的大久保利通、西鄉隆盛、伊藤博文都是有膽略的政治家。他們在尊王倒藩活動中，都起到了很大的作用。特別是伊藤博文，在制定帝國憲法、強化貴族制度、維護皇權、發展資本主義經濟和對外的擴張戰爭中，他的作用更是非同一般。

日本的武士階層以對上影響天皇，對下動員全民的積極姿態，使得明治維新成為全民族的一場革命，武士階層成為日本民族發展進步的強有力的牽引力量。

明治天皇大事年表

1852 年初冬，睦仁出生於京都皇室宮牆外的一間普通小屋，其母中山慶子只是孝明天皇幾十個宮妃之一。
1860 年，睦仁成為孝明天皇唯一僅存的王位繼承人，被確定為皇太子。
1863 年，睦仁隨孝明天皇在御花園主持精心安排的神道儀式。
1868 年 3 月，睦仁頒發了實施復古神道的"神佛判然令"，在日本掀起排佛毀釋浪潮。
1868 年 8 月，睦仁正式舉行即位儀式，取中國古籍《易經》中"聖人南面聽天下，向明而治"之義，定年號為"明治"。
1868 年 11 月，明治天皇決定將首都由京都遷往江戶，並將江戶改名為東京。
1868 年，明治天皇宣讀《五條誓文》，並宣稱日本要"開拓萬里之波濤，佈國威於四方"。
1869 年 3 月，明治天皇參拜伊勢神宮。
1871 年，明治天皇率先喝牛奶。
1872 年，明治天皇率先吃牛肉。
1873 年，日本開始實行徵兵制，至 1890 年前後，其陸軍已擁有 7 個師團 53,000 餘人，海軍擁有軍艦 123 艘，魚雷艇 10 艘，總計 51,000 噸。
1873 年，日本棄陰曆改陽曆。
1874 年，明治天皇參拜招魂社，該社 1879 年改稱靖國神社，並作為日本峻部的宗教機構，劃歸陸、海軍共同管理。從此以後，靖國神社便成為日本軍國主義分子鼓吹為天皇獻身，為侵略戰爭賣命，死後成為萬眾敬仰的神和英雄的重要政治工具。
1878 年，日本陸軍卿（陸軍部長）山縣有朋發佈《軍人訓誡》，要求軍人必須把天皇當作超人的神來崇拜，必須以"武士道"作為軍人精神的根本。
1879 年，嘉仁皇太子誕生。
1879 年，明治政府發佈教育令，突出明治天皇的宗教權威。
1880 年，突出教授歷史培養尊王愛國志氣的重要性。
1888 年，明治政治上形成了 3 府 42 縣的格局，經濟上資本主義近代化的發展戰略亦被確定下來，明治政府一方面大力扶持三菱、三井、住友、安川等私人財閥集團，一方面加緊推行資本主義原始積累，以國營工業企業為主導，推動日本資本主義的發展。
1882 年，明治政府決定正式設立皇室財產。
1889 年，《大日本帝國憲法》公佈。
1890 年，明治天皇頒佈具有強制性的國民道德規範《教育敕語》，以此作為學校教育的根本。
1890 年，日本內閣總理大臣山縣有朋公開發表了"保護利益線"的《施政方針》。
1891 年，《小學敕令》規定：節日應向巨型天皇皇后照片行敬禮並宣讀《教育敕語》等國家神道儀式。

1893年，《君之代》這首唱頌天皇的歌曲被推廣到學校節慶祭祀儀式中。
1893年3月，日本天皇建造軍艦費的預算完成。
1894年春，朝鮮全羅道、忠清道爆發了大規模人民武裝起義，矛頭指向洋人和日寇以及本國腐朽王朝。朝鮮當局無力應付，想請求清政府幫忙。日本政府設下圈套，挑動清政府出兵，並以此為藉口，發動日清甲午戰爭。
1894年7月25日，豐島海戰，日軍獲勝。
1894年8月1日，日本宣戰。
1894年9月13日，明治天皇把大本營從東京遷至廣島，其後在此滯留225天。
1894年9月17日，黃海海戰，日軍再捷。
1895年4月17日，李鴻章與日本簽訂了空前的喪權辱國的《馬關條約》。
1895年5月29日，明治天皇返回東京。1895年5月5日，日本迫於俄、法、德的壓力《歸還遼東》。
1898年3月27日，俄迫使清政府簽訂《旅大租地條約》，俄與日在中國的利益爭奪趨於激烈。
1900年，嘉仁皇太子（大正天皇）成婚。
1901年4月29日，裕仁皇孫誕生。
1902年4月8日，清政府與俄簽訂《中俄交收東三省條約》，更讓日本憤憤不平。
1903年4月，明治天皇前往大阪，出席"勸業博覽會"開幕式，討論及於日俄關係問題，戰爭危機已潛伏下來。
1903年6月23日，明治天皇親自主持了有元老及內閣主要成員參加的御前會議，想以"滿韓交換"與俄謀求暫時的緩和，但沒有得到俄國的允許。
1904年2月4日，明治天皇起與俄作戰意，當日淩晨，招伊藤博文策劃對俄作戰計劃。
1904年3月6日，日本宣佈與俄國斷交，明治曾有退縮意，為侍從所勸阻。
1905年9月，日俄戰爭以日本勝利、俄國失敗而宣告結束。《樸茨茅斯條約》就是明證。根據條約，俄國的勢力從中國東北和朝鮮全面撤出，日本繼承了俄國在華特權，成為朝鮮的保護國。
1912年，裕仁12歲，明治天皇去世。
1912年7月30日淩晨零時43分，明治天皇去世，享年60歲。同年嘉仁繼承皇位，年號"大正"。
1926年12月25日，大正天皇駕崩，裕仁即位，年號"昭和"。

結語

“瀛臺之囚”與“民族之父”

戊戌維新失敗後，光緒帝被慈禧囚禁於瀛臺；前後有十年時間，超過了他人生的四分之一。儘管他的實際處境是囚徒，但名義上他卻照樣是大清國的皇帝，年號照樣延續到光緒三十四年（1908）他離世的那一天。戊戌政變之後，慈禧對光緒的反攻倒算是來勢兇猛的，光緒在此嚴威下，只好承認：“是固自己糊塗，洋人逼迫太急，欲保存國脈，通融試用西法，並不敢聽信康有為之法也。”慈禧力求通過反復的審訊、逼使光緒伏帖於她的淫威，她甚至想借此徹底廢黜光緒的皇位，但迫於壓力，她才臨時將光緒囚禁於瀛臺。她覺得光緒帝的帝位不去，她為政的障礙就不能去掉。

她曾製造各種輿論試探各路的反應，譬如給光緒羅織罪名，譬如說光緒已身染重症，其廢帝之心已昭昭然。商界代表經元善聯合國內外工商界人士直接給慈禧發來電文“請保護聖躬”，就連張之洞、劉坤一等也表示了不敢公開支持慈禧的態度，甚至被稱為是慈禧走狗的榮祿都傾向於保留光緒帝的名義。外國列強出於害怕慈禧全面復舊會有損他們的利益也已經有意阻止慈禧廢帝的企圖。慈禧只好暫時收起了廢帝的打算。其後她還想以立儲來架空光緒，同樣沒能得逞。

到 1900 年義和團反侵略的烈火燃至京津一帶的時候，慈禧再無法僅醉心於宮廷的權力之爭，帝國主義列強也逼使她揮起殘酷鎮壓的皮鞭。面對列強咄咄的威勢，慈禧想到了把光緒拉出來承擔責任。光緒表明了自己對局勢的態度，他認為不應對八國同時宣戰，一國決沒有敵八國的可能性，而慈禧卻越來越鐵定了要與列強對抗到底的信念，她要把"權匪"改造成"義民"，實現她與列強較勁的願望。光緒認為以團民根本抵擋不住列強，卻沒有能得到慈禧的在意，實際上她是包藏着消滅義和團和實現其廢立之謀的禍心的。

與八國聯軍作戰的結果是清政府被迫接受了《辛丑條約》，慈禧通過捨車馬保將帥的辦法懲治了追隨她多年的走狗如載漪、載瀾等，光緒的帝位仍然被保留。慈禧甚至主動進行改革，推行了一些新政。但光緒覺得慈禧的改革不過是假改革。

光緒在瀛臺的十年，雖經歷了曲曲折折，起起伏伏，自己的心中似也始終不滅着再起的願望，但他終於沒能鬥過慈禧，一輩子生活在慈禧的陰影中。儘管從1898年6月11日—9月22日間，他似乎獨立地推行過大刀闊斧的改革，但其意願卻並沒有得到實現，甚至沒有引起中國社會的顯著變化，這是光緒的悲劇，也是我們民族的悲劇。

明治天皇卻是生活在完全不同的另一個世界中，他的性格倒真有若干處與光緒相似。明治天皇也是一個熱血奔湧的人，1892年7月，大清北洋水師提督丁汝昌率領"定遠"號、"鎮遠"號兩艦抵達日本橫濱訪問。親見到該兩艦的日本官員立即產生了"驚恐不安"的情緒，他們把這種情緒表達給明治天皇，明治天皇馬上把它變成了迅速建立自己強大海軍的實際行動。他馬上發佈詔敕："國防一事，苟緩一日，或將遺百年之悔。"

因此，他命“朕茲省內廷之費，六年期間每年撥下30萬日元，並命文武官僚，除特殊情況外，在同一期間，納其薪俸十分之一，以資補足造艦費”。明治天皇帶頭捐資造艦，在社會上引起了極大反響，許多市民也紛紛捐款。到1893年3月，建造軍艦的預算即告完成。也就是在這一時期，中日的軍事力量對比發生了根本性的變化。

對於戊戌維新和明治維新，人們一向沒有停止過對二者結局不同的追問。人們已指出：

中國戊戌維新時，守舊勢力要遠遠大於維新勢力。守舊勢力以掌握最高權力的慈禧為首，包括控制中央和地方軍政大權的大貴族、大官僚以及因新政措施觸及其切身利益而反對維新的大小衙門官吏、綠營軍官、旗人、八股士人等等，形成龐大的守舊陣營。他們手握政權、財權，富有政治經驗，擅長陰謀詭計，全力以赴扼殺維新。梁啟超說：“蓋全國千萬數之守舊黨人，不謀而同心，異椽而同辭，他事不顧，而惟阻撓新法之知。”中國的維新勢力僅以有資產階級傾向的士大夫知識分子為核心，依靠沒有實權的傀儡皇帝光緒，聯合少數帝黨官吏、御史翰林及地方官員，既沒有基地，也無兵權、財權，他們甚至輕視並脫離廣大人民群眾，連資產階級、商人也很少關心支持他們。維新思想家嚴復指出當時維新派“與守舊黨比，不過千與一之比，其數極小”。因此，守舊勢力一反撲，維新勢力便頃刻瓦解。

日本明治維新時，維新勢力壓倒了守舊勢力，以幕府為中心的守舊勢力十分脆弱，幕府統治搖搖欲墜，而維新勢力以下級武士為核心，抬出天皇為旗幟，與反幕的強藩相結合。既有基地，又有軍隊，而且得到了町人階層(包括商人、手工工場主、農村富農等)在財力物力上的大力支持，廣大農民、市民也積極參加或支持反幕武裝，因此，組成了強大的維新陣營，一舉推翻了幕府舊政權。

中國的維新派骨幹基本上一批缺乏政治鬥爭經驗的書生，大多飽讀經書，有才學熱情，卻往往缺乏運籌帷幄的雄才大略。梁啟超就承認他的老師康有為"謂之政治家，不如謂之教育家；謂之實行家，不如謂之思想者"。他們在維新措施和鬥爭策略上多急於求成，不顧實效，如變法一開始便裁撤舊衙門，裁撤綠營，令旗人自謀生計，激起守舊勢力群起攻之，增加了變法的阻力，同時又不善於團結和爭取同盟軍，結果使自己十分孤立。而日本明治維新中的骨幹分子是中下級武士，大多參加過地方上的藩政改革，久經風浪鍛煉，具有鬥爭經驗與政治才幹，如大久保利通、西鄉隆盛、伊藤博文等人，都是一批富於謀略、精明強幹的政治家、軍事家。他們善於爭取各種力量，講究鬥爭策略。例如在政府內排除保守派，廢除貴族特權，制定憲法，召開議會，修改不平等條約，都是採取穩紮穩打，減少阻力，逐步推進的策略，以至能夠逐漸實現其目標。

中國資產階級力量薄弱是戊戌維新缺乏階級基礎的重要表現。他們既先天不足，缺乏原始積累，又後天失調，力量薄弱，而且與外國資本主義、封建主義都有着千絲萬縷的聯繫。中國的洋務運動出發點就是學點"船堅炮利"，因而只在軍事工業上做了點文章，只能算是一種避害反應，或顯得有些無奈。而日本明治維新前自然經濟解體就較為徹底，資本主義因素就大量成長，藩士們發展起較大規模的工商業，他們的努力使日本迅速引入了西方資本主義的完整工業體系，城鄉資產階級尤其是商人和豪農都迅速成長起來，並構成明治維新的重要社會基礎。

我們基本同意上述所作的原因探討，同時我們覺得探討中日兩國的文化傳統與時代背景同樣也很有意義。

先對比中日兩國對侵略者的態度吧，英國的義律以鴉片逼迫中國開關，美國的培里則以黑船強迫日本開關；義律被中國人怒斥，而培里卻被日本人看作“恩人”，在培里率艦隊登陸的浦賀灣，日本人建立了培里公園，園內設紀念館，豎紀念碑，上有伊藤博文手書的“北米合衆國水師提督培里上陸紀念碑”。

再看看光緒和明治這兩個皇帝所處的時代。光緒與明治兩個歷史人物，他們所處的身份接近，命運卻大相徑庭。一個是皇皇大清、擁有着四萬萬子民的國度中的皇帝，一個是偏促小國日本“萬世一系”系列中的天皇。一個身處19世紀60年代領導明治維新，一個位列19世紀90年代末梢催動戊戌維新。明治時期經歷了明治維新，而這維新的動因一方面是日本對列強欺辱產生不滿的產物，另一方面也是日本“以清為鑒”的結果。明治維新成功了，解除了日本即將滑向半殖民地半封建的危險。日本社會由此發生了質的變化，近代天皇制下的中央集權制保證了日本擺脫幕府統治下的怠惰，積極推行了“富國強兵、殖產興業、文明開化”的政策，使日本從一個封建國家一躍而成為資本主義國家，並與西方列強相頡頏。日本從備受列強欺淩的小國發展成稱霸東亞的霸主，侵佔臺灣、出兵朝鮮直至發動甲午戰爭才終於讓固步自封的大清意識到自己的落伍。

作為甲午戰爭的失敗一方，光緒帝在維新志士的鼓動和激勸下發動了103天的“戊戌維新”，又稱“百日維新”。這次維新的摹本就是日本的明治維新，維新的內容亦堪稱全方位。從條文中看絕對可以說也是牽筋動骨。但是光緒的帝王之威卻總是樹立不起來，他總是弄不清自己為什麼不會像他的先輩康熙、乾隆那樣朝綱獨斷，卻事事受制於他的姨母兼姑母慈禧。他頒佈詔書之快體現了他年富力強的銳氣，但這些詔書卻大多在臣下的陽奉陰違和故意抵制中歸於沉寂。他想消除慈禧在他親政後設置的若干掣肘因素，卻馬上遭遇到慈禧強烈的反對與抑制。維新僅僅開展了103天，甚至在更早的時候，光緒的親政之權就逐漸被剝奪殆盡，直到最後自身被囚於中南海瀛臺，新政被徹底廢止。明治天皇因明治維新而以“民族之父”的形象被記載於史冊，而光緒卻終於把“瀛臺之囚”的形象維持到他生命的最後時刻。

如果說早期殖民者還抱着試探心理的話，那麼後來他們就越來越大膽，越來越放肆；如果說早期殖民者還相對文雅的話，那麼後來殖民者就更加慾壑大開，更加貪得無厭。日本明治維新發生在19世紀60年代末，當時世界處於自由競爭資本主義時期，奪取殖民地的大高潮尚未開始，而西方列強在東亞侵略的主要目標是地大物博的中國，加上亞洲民族解放運動特別是太平天國革命對西方列強力量的牽制，都為日本維新提供了一個較為有利的國際環境。當時列強的態度，英、美曾積極支持日本維新勢力，並給予軍事上和物質上的具體援助，日本明治維新已比較注意外交鬥爭策略，盡量利用英法、英俄之間的矛盾。而中國戊戌維新已經到了19世紀90年代末，世界資本主義已向帝國主義階段過渡，列強通過爭奪殖民地的高潮已經基本上把世界瓜分完畢。中國成了列強在東方爭奪的"唯一富源"，一時間出現了瓜分中國的狂潮，這時帝國主義列強決不願意中國成為一個獨立強大的資本主義國家，國際環境對中國維新運動很不利。當時，英、日本雖然為了抵制俄國的擴張，曾對維新運動表示同情並拉攏維新派，但始終未能給予多少實質性的具體援助。

中國比日本更早面對深重的夷患，可中國的戊戌維新較日本的明治維新整整晚了30年，30年對於傳統社會本來算不了什麼，可是在歷史的轉折關頭，30年卻足以決定國家的強弱，日本較中國早30年開始了明治維新，從而快速地"脫亞入歐"，進入西方列強的行列。中國較日本遲30年才力圖變法，則不僅不能達到目的，反而仍在很長時間內都無法尋得拯救中國的道路。歷史只垂青那些善於及時抓住機會的國家。

從中日維新變法的異同，我們可以窺見兩者一個失敗，一個成功的歷史命運。命運不是迷信，而是人生與社會的運行軌跡。對於一個不能左右朝廷命運和個人命運的君主，我們可以同情，卻實在是難以恭維他的政治才幹，對於那些在危難之中試圖改變國家和民族命運而失敗的志士，我們在惋惜之餘還應該有一個理智的反思。歷史人物與時勢，孰重孰輕？孰先孰後？歷史人物的個性與歷史，其中的影響是有是無？是大是小？歷史人物與歷史人物，相互的關係是彼此牽制，還是相互配合？所有這些，是存在必然規律，還是富含着偶然與複雜？我們只有深入到歷史之中，細細體味歷史中那一幕幕真實的場景，才能諦聽到歷史演進的真實腳步。

責任編輯　　楊　帆
書籍設計　　彭若東

叢書名　歷史 1 + 1
書　名　**光緒皇帝 VS 明治天皇**
著　者　王日根
出　版　三聯書店（香港）有限公司
香港鰂魚涌英皇道 1065 號 1304 室
JOINT PUBLISHING (H.K.) CO., LTD.
Rm. 1304, 1065 King's Road, Quarry Bay, Hong Kong
發　行　香港聯合書刊物流有限公司
香港新界大埔汀麗路 36 號 3 字樓
SUP PUBLISHING LOGISTICS (HK) LTD.
3/F., 36 Ting Lai Road, Tai Po, N.T., Hong Kong
印　刷　深圳市森廣源（印刷）有限公司
深圳市福田區天安數碼城五棟二樓
版　次　2005 年 7 月香港第一版第一次印刷
2006 年 6 月香港第一版第二次印刷
規　格　大 32 開（144 X 206 mm）144 面
國際書號　ISBN-13: 978 . 962 . 04 . 2479 . 3
ISBN-10: 962 . 04 . 2479 . 4